花都开好了

刘学刚 著

沈阳出版发行集团
沈阳出版社

图书在版编目（CIP）数据

花都开好了 / 刘学刚著 . -- 沈阳 : 沈阳出版社，2021.9

ISBN 978-7-5716-1995-4

Ⅰ . ①花… Ⅱ . ①刘… Ⅲ . ①散文集 – 中国 – 当代 Ⅳ . ① I267

中国版本图书馆 CIP 数据核字 (2021) 第 161133 号

出版发行：沈阳出版发行集团|沈阳出版社
（地址：沈阳市沈河区南翰林路10号 邮编：110011）
网　　址：http://www.sycbs.com
印　　刷：辽宁泰阳广告彩色印刷有限公司
幅面尺寸：155mm × 230mm
印　　张：13.25
字　　数：180千字
出版时间：2021年12月第1版
印刷时间：2021年12月第1次印刷
责任编辑：沈晓辉　鲁莎莎
装帧设计：杨　雪
责任校对：日　光
责任监印：杨　旭

书　　号：ISBN 978-7-5716-1995-4
定　　价：68.00元

联系电话：024-24112447
E - mail：sy24112447@163.com

目录

contents

辑一 温花晴日

辑二 暑花快风

辑三 凉花爽月

辑四 寒花初雪

辑一 温花晴日

杏花

如果把四季花开比作少女在练习唱歌，冬天的时候，她的声音有一些发涩发紧，歌喉还没有完全打开，细丝细嗓的，宛若小花小朵的水仙蜡梅迎春。到了春天，吐气若兰，歌声轻柔婉转，犹如杏花桃花李花缤纷摇曳。等到夏秋，她的歌声则像莲花菊花一样饱满圆润，激昂高亢，响遏行云。

松竹梅岁寒三友，桃李杏春风一家。二月的乡村，燕子啁啾，小河潺湲，青青麦苗直达天际，路边沟畔村头巷尾都是杏花茶花桃花迷

人的微笑，真的像诗人所描述的那样："山花照坞复烧溪，树树枝枝尽可迷。"迷人的是乡村女子的花容，出现在菜地麦田果园等每一个春意盎然的所在。她们勤劳的走动把村庄和田野和春天连在了一起，把鸡鸣和鸟啼和春风连在了一起，成为熙熙攘攘和和睦睦的一家人。冬天不是这样的。村庄就像一个丢弃的易拉罐，在寒风里哗啦哗啦地响。那些赶马车的开磨坊的拉二胡的男人围着炭火炉喝热烧酒，几块羊骨头在陶罐里咕噜咕噜地翻腾出阵阵肉香。冬天的村庄和田野是隔离的。这样说吧，冬天的村庄是一蓬黯淡枯黄的乱草，在寒风里低低倒伏，瑟瑟发抖，又在春雨里挺身而立，生出一个蓬勃的夏，长出一个繁茂的秋，与苍翠四野连成一片。

我童年时的一个记忆是把"杏树"一直读作"幸福"，杏树的花就是幸福的花儿。许多年以后，每每听见"幸福的花儿心中开放"这

歌词这旋律，我的思绪就飘啊飘，飘回杏花飘香的童年的村庄。

村庄灰黄的土墙是一夜之间妩媚妖娆的。乡间修筑土墙多从湾塘土丘河滩取土，以麦穰搅拌，增进黏合度，筑时以门板固定两侧，四五个汉子口中呼儿嗨吆地用石墩子夯实，泥土和麦穰匿藏的草种就成为土墙鲜活的呼吸，呼出一些葳蕤翠绿的狗尾草牛筋草，看上去土墙像戴了一溜遮风挡雨的草帽。草叶一枯，冬天的土墙突然变成了一个头发干枯萎黄的老人，叫人看了眼窝子发浅。从我家到学校，要路过许多小杏儿家小林子家等许多家的土墙，蹦蹦跳跳地路过。可是，当我在课本上读到了一首古诗，就有一些目光深情地种在了土墙上。“满园春色关不住，一枝红杏出墙来。”那天早上，我喊小杏儿上学，突然看见探出土墙的一枝红艳艳的杏花，我扯直了嗓子叫：“杏花，杏花！”小杏儿从家里走出来。不管我模仿货郎的叫卖声，还是公鸡

的喔喔叫，小杏儿听见了，就会跑出来，站在自己的开心里，笑成一朵花。那天，她的眼睛肿得跟杏仁似的，她的爸爸要跟着村里的建筑队去很远很远的地方，一个做梦也梦不到的地方。春天了，一枝又一枝杏花越过低矮的土墙，伸进田野，绽开纷繁的农桑耕事，也在坚硬的城市支撑着清冽的芳香。

树绕村庄，水满陂塘。村庄是树的村庄，木本的村庄。箱子桌子是木，檩条房门是木。树们交错重叠的树冠是村庄高高的屋檐。树是村庄活着的历史。东植桃杨，南植梅枣，西栽桅榆，北栽柰杏。村庄栽树是有讲究的。桃树喜暖喜阳，树之宅东；杏树抗旱耐寒，栽于宅北。雨细杏花香，风吹桃蕊闹。杏花粉红羞赧，桃花娇红烂漫，姑姑姐姐们的笑脸，一样的红艳艳明灿灿，一样的清冽芬芳，她们是春天里相亲相爱的一家人。鸡鸭鹅狗都在花香的吹拂中趾高气扬。比之柴火蔬饭杂糅的呛人的香味，杏花的香清澈而又甘甜，就像姑姑姐姐们在河边唱着一支甜甜的歌。

一帘春雨杏花红。雨在一个寂静的早晨来临，像一位温柔的母亲，轻轻地唤醒梦中的草芽和农事。那些在杏树枝头初绽的苞蕾，仿佛一个个圆溜溜的小脸蛋，接受着雨丝的爱抚，它们的脸蛋变得粉红又鲜嫩。“似嫌风日紧，护此胭脂点”，花朵打开，色彩由浅红转淡粉，那一抹胭脂色尤为迷人。天上雀鸟叫，村边杏花白。杏花开到极致，一片洁白，大地上一种新的光出现了，一种来自植物内部的光芒，把村庄和春天照亮了。

如雪如银。我是把杏花作为大地上的日出来描述的。杏花照耀着灰黄的土墙和母亲黑瘦的脸。春天是忽冷忽热忽阴忽晴的，后来杏花开了，那情形是不一样的。我路过一些杏花开放的村庄。村里几乎见不到人，狗在篱笆后汪汪直叫，大白鹅昂首挺胸，迈着八字步，像一位中世纪的绅士，一摇一摆地走过金色的街道。杏树浅褐色的枝条被阳光一照，像金条一样闪闪烁烁。有的在水畔，和水里的杏花相依相恋。有的在墙隅，像鞭炮一样一串串炸响。那些农民宛如被春风吹作雪的杏花，散落在田野里。杏花使村庄靓丽起来，使田野热闹起来，过不了几天，桃花开春风也开，梨花笑春风也笑，这样的春天，就叫一个风和日丽万紫千红。

我的村庄，杏树并不多见，村庄里各种树都有。洪沟河南岸的果园，桃树苹果树居多，少数的杏树站在林缘，站成一道花篱笆。杏花一词在不同的人那里有不同的含义。在城里人眼里，杏花是装饰是盆景，是一扇大玻璃窗镶嵌着的风景，所谓的杏花节，不过是让杏花扯着嘴角强颜卖笑而已。在农民那里，杏花有报春鸟、乡村歌手的意思。

杏花一开，像是春天发出了一道指令，牛车吱扭吱扭地走出农历的村庄，麦苗在田野里咔吧咔吧地往上长。一条条道路像是村庄延伸到土地的枝条，扛锄头的人、赶牛车的人、背柴火的人花朵一般绽放其上。桃三杏四梨五年，核桃柿子六七年。这是果木给予土地的坚实承诺。茎叶花果是时光的序列，是自然的节律，帮助人们确立一种从容舒缓的生活方式，享受节气和大地共酿的芳香甘美。

在《救荒本草》里，大明失意王子朱橚视大地上的每一棵草木都是人类的救世主，荒年求生的救命粮。比如杏树："采叶炸熟，以水浸渍，作成黄色，换水淘净。油盐调食。其杏黄熟时摘取食，不可多食，令人发热及伤筋骨。"二十世纪六七十年代，我们村的人吃过杏叶柳叶槐叶，吃过杏树皮柳树皮槐树皮。粮食减产绝产，但村庄树木繁茂，挺过大饥荒活下来的人都看到了春天的杏花开：每个人都分到了口粮地，种了庄稼种了菜。如今，树木依旧是村庄主要的遗产，曲折回旋的年轮上镌刻着村庄复杂的发展史。寂静的深夜中，漫天的风雪里，多少树坚定地扎根，执拗地抽枝，生长出一片碧蓝的天空。

我此生难忘的一个小女孩是在杏树下认识的，在一个杏花开放的二月。旧时称二月为"杏月"，尊杏花为二月花神。《红楼梦》"寿怡红群芳开夜宴"一回，掣签的探春抽到的是杏花签，这真的是人与花的完美对应。"落梅香断无消息，一树春风属杏花"，红楼群芳，唯有文彩精华的探春，最像青春气息洋溢的杏花，也像我的东邻小杏儿。"桃红李白欲争春，素态妖姿两未匀。日暮墙头试回首，不施朱粉是东邻。"东邻的小杏儿，她的脸蛋白里透红，她的眼泪晶莹洁净。多年以后，我在异乡的烟尘中回望，恍惚中，她小巧的身影宛若纤细轻盈的花枝，在春风中颤动，花影妖娆，她是春天的花神，她的所在是拊我畜我长我育我顾我复我的村庄。

梅花

梅花有个贴心贴肺的闺蜜，叫白雪。它们在中国的古典诗歌里几乎形影不离："日暮诗成天又雪，与梅并作十分春。"古代咏花诗，我读到的咏梅诗最多。在诗里，梅雪争艳，梅香雪白，它们迷人的光辉投射到人间，投射到我的故乡洪沟河南岸的那个小村，以对仗工整音韵和谐的春联的形式出现，上联为"雪兆丰年"，下联是"梅映红日"。农舍黑的木门吱呀吱呀地响，推开去冬的积雪，迎来今春火红的大太阳。

我的村庄地处鲁中平原，冬天寒冷多雪。浅浅的池塘之畔，矮矮的短墙旁边，梅花诗意清幽之所处处皆是。我识得梅花的无限好，却是离乡许多年之后。无意中，我实践了一次古人踏雪寻梅的行为艺术。

那年冬天，我回故乡过春节。恰逢雪后初霁，天空蓝得让人失明，地上金光跳跃，千树万树雪花粲然盛开。下了客车，一路步行，不远处，洪沟河南岸的那个小村，真的成了儿时无限向往的洁白的宫殿。

记忆中的村庄高低错落，就像一个被蒸汽凝成的水滴烫熟的发面馒头，有的地方蓬松鼓胀，有的地方凹陷成死面。那些坚挺的二层民居尚支撑着几口人的吃饭睡觉，进城务工定居的农民把他们低矮的房屋扔在那里，任凭风雨侵蚀。雪像一个勤快的粉刷匠，提着白涂料，把长街短巷高楼矮房全部粉刷了，包括老人深夜的咳嗽，小孩甜甜的梦呓。

渐近故乡时，望见一簇簇火红从一处院墙蹿出来，仿佛空中炸响的爆竹，空旷阔大的天地变得热闹非凡。走近了看，是梅花。那些戴着白色小绒帽的梅花，俏丽而又活泼，原来那无边的白雪，都作了绝美梅花的背景音乐。

梅花的花期是残腊初春，这和人们辞旧迎新的脚步是一致的。冬天的雪是从天上落下来的，像一群洁白的飞鸟，飞啊飞，飞回它们的巢。村庄是孕育雪的巢。那些池塘的水，河流的水，脊背上流淌的水，眼角滴落的水，都在太阳的温情注视下升华，在空中孕育美丽的花萼，说开就开，六个花瓣空中开，村南村北一片白。枯叶、鸡毛、牛的蹄印都不见了，家门前的顺水沟、山坡上的小草房也不见了，大地很干净，天空也很干净。如果一枝梅花突然冒出来，当然是红梅，宛若辉煌的日出，犹如熊熊燃烧的火焰，似乎人世间所有的爱恨悲喜都凝成了一树花朵，红红火火，热情洋溢。梅花是超然之花，也是春节之花。梅花又名五福花，它的五个花瓣代表着福、禄、寿、禧、财五个吉祥神，有对联为证："梅开五福，竹报三多。"五福又三多，多子多福多寿。梅花绽放，催生人们的心花怒放，心花开得很大很大，比雪花梅花都绚烂，开得漫山遍野。

辞旧迎新之际，唯有梅花，可作人间幸福生活的理想图。从深冬积雪里探出的嶙峋遒劲的梅枝，盛开出一个明媚娇艳的春天。梅花盛开在一个重要的时间节点。这对于那些高兴的人幸福的人忧伤的人悲苦的人，都有着深刻的生命暗示。尤其是那些被朝廷边缘化的古代文人，瘦峋曲折的枝干像极了他们命途多舛的人生，拔剑四顾心茫然之际，大地之上突然升起了一盏盏神灯。它们不是梅花，是穷途末路上一群沸腾的神。当繁花落尽，信仰在脸上凝成冰凉的泪滴，而一种花，宛若绝境中的奇迹，以它的花朵打开一个怒放的春季。寒冬百花绝迹万木凋零，是末路。家园沦陷山河破碎，大宋遗民的南逃之旅一路凄惶一路悲怆。读历代诗词，乱世的梅花开得尤为繁盛，宛若草莽间愤然跃起的无数英雄，挥戈亮剑，护卫着身后千顷碧野。南宋诗人陆游有一首《落梅》写得极为精彩："雪虐风饕愈凛然，花中气节最高坚。过时自合飘零去，耻向东君更乞怜。"官也丢了，被撕碎的政治主张落叶一般在风中飘散，就在这样一个信念摇摇欲坠的季节，诗人凛冽地登场，站成一株梅花，一株节操最高洁气概最坚毅的梅花。

我读过很多的咏梅诗，发现一个奇妙的文学景观。宋人写梅花的诗文为历朝历代之最，且多以"疏影""疏枝""瘦影""寒柯"呈现梅花的生命姿势，又以"白雪""断桥""墙角""孤山"烘托梅花的高洁操守。宋人画梅，大都疏枝浅蕊。宋人的内心是由浓而淡的，走的超然恬淡的路子。范成大在他的《范村梅谱》中开宗明义："梅以韵胜，以格高，故以横斜疏瘦与老枝怪奇者为贵。"中国古典诗歌都是不及物的，宋人也不例外，他们在梅花的姿容上稍作停留，说梅花如何经霜耐寒，又素艳清香，然后切换到一种幽洁自持的志趣，或者刚烈无惧的品格。

作为蔷薇科杏属植物，梅花素有"霜美人""冷美人"的称号。梅花花瓣五枚，倒卵形轮状排列，宛若美人丰满性感的脸。我习惯在一定距离之外观赏梅花，就像遥望天上的星辰，芬芳的香息却是清晰可闻，若是近前凝视，我会失明，会因心跳过速而幸福地晕眩。梅花的花色品种也多得人神共愤。不管是红梅紫梅，还是绿萼玉蝶，都是李清照笔下的梅花："雪里已知春信至，寒梅点缀琼枝腻，香脸半开娇旖旎，当庭际，玉人浴出新妆洗。"寒雪出浴，香脸半开，熠熠生辉，梅花唤起人们对美色的追逐和热爱。

总是绕不过宋朝。宋朝是中国传统文化鼎盛时期，就梅花文化而言，各地遍植梅树梅溪梅湖梅台梅亭，喜梅植梅赏梅成为宋人的精神诉求，呼吸着的芬芳空气。远离故乡的许多年里，我每每忆起白雪辉

映着的簇簇红梅，眼前就晃动着一群身影，他们在雪中寻梅，“树动悬冰落，枝高出手寒”，摇啊摇，冷冷冰雪簌簌落下，落在寻梅者那棵枯瘦遒劲的梅树上，天地之间一片苍茫。

梅花生长在哪里都美，红的热烈似火，白的素洁若冰，黄的淡雅如菊，都有季节的光阴之美和惊艳之姿。阅读宋人诗文，梅花集中生长在三种标志性的地方：粉妆玉砌的玉堂琼榭苑圃，银装素裹的竹篱茅舍幽谷，大雪纷飞的溪畔路边林缘。宋人更喜欢生长在偏僻幽静之地的梅花，由此可以发现他们探梅赏梅的审美路径。他们拒绝合唱，拒绝同质化，离开拥挤喧闹的人群，衣袂飘飘地向幽谷道馆茅舍走去，留给尘世一个孤独而倔强的背影。“吟怀长恨负芳时，为见梅花辄入诗。雪后园林才半树，水边篱落忽横枝”，再多的蜗角虚名敌不过一季花开，晚年的林逋以孤山为伴，以布衣终身，妻梅子鹤，高洁不俗的梅花成为他隐逸生活的镜像。孤山是西湖中一处孤峙之岛，云树古木凝绿叠翠，山花水草清香四溢。喧喧嚷嚷的对岸，宛若前朝的风俗画，在一定距离之外，看上去是那么的安然静谧。自锄明月种梅花。人在这样的环境中，个体行为受四时风景的指引，花开花落皆是人与自然的最美相遇。雪后，水边篱笆上横出的梅花一枝，那是一条通往春天的大道，是诗人实现精神突围的征象。

还有一些文人，独向荒郊觅大美。他们寻觅的是墙角处断桥边草棘间甚至溪山深处的千仞苍崖之上怒放的梅花，不以无人不芳的梅花。穿越半个世纪的风雪，站在一树梅花面前，被花朵的强光一照，顿有身居宇宙中心的感觉，天地观、时间观以及存在感特别强烈。独从末路见精神。“一朵忽先发，百花皆后春”，一朵梅花打开的是一个春天，贬谪边地孤标傲世的独立文人由一个坚韧的念头打开了一种广阔的人生。

春天，百花开得熙熙攘攘，梅花寂静地枯萎凋谢。“天与色香天自爱，不教一点上蜂须”，梅花不做媚春光的桃杏，亦不让狂蜂浪蝶玷污自己的雪霜之姿。

我们这个世界，有众芳摇落的生活的塌陷，有眼前的苟且。我终于觉得，梅花是我们在路上必然遇见的一种花，它是冰姿素面的美人，是优雅高洁的君子，也可能是孤标傲世的高士。就像我们身边的极少数人，他们不喜欢在熙熙攘攘的繁华之地扎堆，而是安静地固守着自己内心的清洁，在暗夜里寂静开放，不借助任何的暖风骄阳。

茶花

玛格丽特一个月里有二十五天戴的茶花是白的，另外五天戴的茶花是红的。白茶花洁若白雪，又如玛格丽特那一口洁白如奶的牙齿。红茶花红如鲜血，中心塞满如鹤顶，也像玛格丽特玫瑰色的鹅蛋脸。玛格丽特从来不戴别的花，人们称她为茶花女，也有人叫她交际花。红茶花白茶花是朝着两个不同生活方向开放的一蒂双花，茶花女在富丽奢华糜烂的生活泥淖里挣扎，内心始终追求纯洁而干净的爱情。茶花的凋谢不是一片一片地散落，而是整朵地凋零，落在地上也呈现着

饱满圆润的美丽姿容。茶花女死了，她在烦乱的孤寂生活中千呼万唤的那个人，那个叫阿尔芒的贵族青年在她的坟前摆满了白茶花。

法国作家小仲马视夜店明星茶花女为圣洁的天使，以圣母玛利亚的名字命名她，称她为玛格丽特，以她的纯洁善良高尚挽救不洁的人性。白茶花红茶花成为茶花女日常生活的表情，或娇艳妩媚，或洁净无瑕。小仲马二十四岁写成《茶花女》，在他年轻的心里，唯有高雅素洁的白茶花与冰清玉洁的茶花女最配。白茶花的美，是一种清洁的美，不能碰触的美，像草叶上莹澈的露珠。钱塘才子瞿佑也痴爱白茶花："消尽林端万点霞，丛丛绿叶衬瑶华。宝珠买断春前景，宫粉妆成雪里花。余子竞传丹灶术，此身甘傍玉川家。江头梅树无颜色，何况溪边瑞草芽。"群芳消尽了，四野黯淡凄凉，无数绿叶的小手捧举的茶花就像白色的灯盏，散射着钻石一般的光芒。诗人站在白茶花下，站在它的根上，一树白茶花支撑着天空，也支撑着诗人的内心。瞿佑这个爱花人，像个执拗的小孩子，他只爱他的白茶花，至于深红的姿容艳艳的宝珠山茶，还有浅红的姿态妍妍的宫粉山茶，他都不多看一眼，何况江梅春芽之流。同样是茶花和人的美丽遇见，小仲马的茶花直借美人生韵，尤能唤醒人们对美的怜惜和捍卫。

狭隘的爱花人，他们是信仰坚定的一群，固执地保持着对一种花的专注和狂热，无限可能地呈现着这种花的独特魅力。正是这些人，创造了世界百花园的各色品种，以及我们工作或者做梦畅快呼吸的良好气氛。

茶花花形分单瓣、重瓣两类，花色有白色、紫色、粉红、大红、金黄诸种。至于品种，遍尝百草的博物学家李时珍用了一个文绉绉的词语：不可胜数。闻名江湖的当属金庸大侠描述的十八学士茶花，花名儒雅俊逸，花色奇异玄幻。一株开花十八朵，朵朵花色不同，朵朵花形各异，红的全红，紫的全紫，开时齐开，谢时齐谢，有些武林大会的味道，也像一个华丽惊艳的大梦。花开和落英互为倒影，美梦和残梦相互映衬，才是人生华丽。《天龙八部》里的十八学士确有现实的对应物，花为重瓣，呈覆瓦状排列，相邻两角花瓣多为十八轮，有粉、红、白三种，均为单色系。杂取十八种茶花，共生一棵树，这种文学上的移花接木，金大侠尤为精通。

白宝珠是茶花中的名品，枝条细柔下垂，小叶椭圆形，春二月开花的时候，银光闪耀，仿佛每一根枝条上都悬挂着一轮大月亮，每一轮大月亮都闪着洁白无瑕的光芒。茶花有一品种白芙蓉，亦是二月开花，其花洁白如银，一些红色条纹在花瓣上游动，看一眼，再看一眼，眼前尽是五彩缤纷的幻觉。

玉茗花是北宋太守崔仁冀的叫法，他在临川县城东院发现了一株白山茶，其花高洁皓白，太守惊奇不已："点一树之香酥，佳人让巧；琢千苞之美玉，真宰输工。"临川人曾巩客居京城，几枝远道而来的白茶花把他带回了故乡的春天："山茶纯白是天真，筠笼封题摘尚新。秀色未饶三谷雪，清香先得五峰春。"茶花是天真之花。它的花瓣近圆形，初花略带红晕，很像一张张健康可爱的幼童的脸，甜蜜蜜地笑着。在寒风吹彻的腊月萌芽，在乍暖还寒的初春开放，历经雪压霜欺风雕雨塑的茶花表情多么天真。我相信，写《茶花女》的小仲马和他塑造的茶花女都是天真的，以天真热情的目光洗涤着虚伪冷酷的世界，正如茶花女身陷人性几近泯灭的巴黎，她的脸上却呈现出处女般的神态，还带着一些傻乎乎的稚气。天真，是我们这个时代稀缺的品质，也是一个人成熟的至境。

茶花也是刚烈之花。茶花是山茶科山茶属灌木或小乔木植物，高者近二十米，树干遒劲粗壮，顶天立地。它们多生长在山野沟谷等不被惊扰之地，或者寺庙道观等受人敬畏之所，日精月华以及人们的不敢亵玩让它们愈发繁茂高大。那年春天，在海上第一名山崂山闲游，许多花花树树闪过，一树红花宛如一位娇艳的少女从红色帷幔中向我们走过来。有人说这就是蒲松龄笔下的红衣花神绛雪，明初，辽东人张三丰从长门岩海畔悬崖上亲手移植于此。也有人说是绛雪的姊妹树，《聊斋志异》里的茶花仙逝已数年。用照相机镜头拉近了，端详，花瓣鲜红欲滴，花心嫩黄骄人，且红花尽数伸到绿叶之上，宛若红雪飘飘，覆盖千枝万条。有这样的古树站着，天地之间仙气弥漫，这仙气越浓，人间越繁茂葱茏。仙气飘散之时，大地一片荒凉死寂。

这种茶花，青岛人叫它耐冬，又名北山茶，花有红白，瓣有单复，喜阳耐旱，无惧严寒，抗逆性强，花期长达半年之久。南方露天培育茶花，北方温室盆栽，唯独温情的青岛，就像人心的一个温柔地带，这里的茶花凌寒傲雪，鲜艳耀目。

读古诗词，不少文人拿茶花与牡丹、青松相比。“山茶孕奇质，绿叶凝深浓。往往开红花，偏在白雪中。虽具富贵姿，而非妖冶容。岁寒无后凋，亦自当春风。”好一个“亦自当春风”！茶花的叶呈椭圆形，颇似茶叶，浓硬有棱，像木樨科植物的叶子一样硬健。茶花四季常绿，凌冬非但不凋，还盛开在春风里，桃李未开它先开，桃李飘落它还在开。牡丹皆称“富贵花”，花色花姿和茶花一样叶碧绿花鲜红，可茶花不具妖冶容，高雅素洁，不逊梅花。唐人司空图盛赞茶花的高韵，说起话来像个冲动的孩子：“景物诗人见即夸，岂怜高韵说红茶。牡丹枉用三春力，开得方知不是花。”我们感谢这些冲动的孩了，他们看见什么就说什么，怎么想的就怎么说，哪怕当权者们把牡丹封为

百花之王，哪怕貌似高雅的朋友圈纷纷复制“唯有牡丹真国色”，他们也只在乎于妩媚中见刚健、于娇艳中显凛然的茶花。

说说茶花和茶树吧。茶花和茶树是一对亲密无间的兄妹，就像村子里的女孩静静地开成一朵花，男孩嗖嗖地长成一棵树。茶花茶树都是山茶科山茶属植物，叶形相似，椭圆形，叶缘皆有细细的锯齿，不扎手。聪明的人类根据生存之需把茶花茶树区别为观赏性植物和经济作物。一粒茶叶七粒米，茶树的叶金贵着呢。“其叶类茗，又可作饮，故得茶名”，李时珍关于茶花的释名叫我想起许多类似的植物，譬如荠菜汤苦菜粥双黄液，它们大都有这样的功用，入口有苦味，叫汤药，倘若清香鲜爽，则是粥食或茗茶。从生命质量上看，观赏茶花之美是高于物质层面的精神享受。生活缺少观赏性，等同于花木没有倒影。

桃花

若以一种花朵为一个季节代言，则可如此描述：春有桃花秋有菊，夏有荷花冬有梅。只有桃花盛开，粉红的火焰剧烈地燃烧，把河流烧得红彤彤的，把空气烧得香喷喷的，这才叫丰盛华美的春天。

说到桃花，人们总喜欢和春风流水等春天的美景相提并论，而这些灵动鲜活的事物更能凸显桃花妩媚娇艳的姿容，共同生成春天的华美盛大。张志和《渔歌子》："西塞山前白鹭飞，桃花流水鳜鱼肥。"李白《山中问答》："桃花流水窅然去，别有天地非人间。"桃花带来肥嫩鲜美的鳜鱼，带来桃花源一般天然而宁静的天地。桃花带来的都是好消息。

桃花在树枝上喊叫。春风拎着一桶一桶的红颜料，泼在田野上，泼在河流上，泼在村道上，红色的浪花四溅，蜜蜂的喊叫都是红色的。张旭《桃花溪》："隐隐飞桥隔野烟，石矶西畔问渔船。桃花尽日随流水，洞在清溪何处边。"洪沟河蜿蜒东流，流进三月的古镇景芝，桃花烂漫，河水流霞。清人刘翼明在这里写下了绝美的十四个字："桃花流水春开瓮，细雨斜风客到门。"想象，在那样一个迷人的春天，幢幢屋舍被斜斜的风涂抹，又被细细的雨丝勾勒出来，蓬门始开，桃花美酒芬芳四溢。

"春开瓮"即为景芝传统美酒，旧时亦称桃花美酒。古诗闲适醇美的意境在古镇的今天也有深情的呼应。景盛产业园，景盛路南首，有一个不大不小的院落，桃花灿灿，流水潺潺，鸟鸣啾啾，香气袅袅，是刷爆朋友圈的不入世事不扰红尘的那种清馨宁静的院落。我们的"春天送你一首诗"朗诵诗会就在这里举行。

院落名曰冯氏元隆酒庄。元隆为清人冯元隆所创商号，其酿酒坊所产"元隆宝烧""桃花美酒"醇厚丰满，宽厚沧桑，四乡闻名。如今，酒庄有美酒曰春开窖，仍然保存着传统的土法酿造。冬至时节，高粱小麦玉米大米江米等配料装入土池，发酵。次年立春，倒瓮。陶瓮若干，一米多高，排列池上，瓮口覆以大盆，大盆之下的酒醅上面封上一层泥，瓮口亦用泥封牢。这样的土陶大瓮俨然入定的高僧，坐在神的位置，闭目冥思，体内收藏着三山四季五谷而镇定自若，与世无争，默默地孕育思想的琼浆、智慧的芳香。春三月，桃花细嫩的微笑撞开春天的门窗，翻越破败的栅栏，以它高贵的香气环绕简陋的茅屋和幸福简单的生活；也让陶瓮内的酒醅蠢蠢欲动，做梦都想开出一朵一朵的香花。开瓮蒸酒，开瓮蒸酒。桃花是自然世界发出的一道美丽指令，为酒香的飘荡打开了一条条通往春天的大道。第一排上瓮酒为最好，

醇香浓郁，绵甜爽净，称“桃花瓮酒”。

今年的三月，桃花格外繁盛，花瓣娇嫩红润，花盏丰腴饱满。酒庄东面的小河干净得如同嫩黄的柳芽。桃花的香青草的香新酒的香鸟鸣的香翻涌着，缠绕着，生成一个活跃亢奋的场，让每一个远道而来的诗人沉浸其中，张开所有的毛孔，酣畅自如地呼吸。

我们的诗歌也是有香气的。譬如《诗经》，譬如《楚辞》，艾草薄荷芙蓉菖蒲们香气汹涌，宛如古诗人热烈的倾诉，倾诉他们在土地上充满劳绩的栖居生活，以及人与植物的欣喜相逢。“桃之夭夭，灼灼其华”，几千年过去了，古镇建成了新城，但是大地的格局不变，依旧是涺河流清平原涌翠，依旧是大道朝天小巷飘香，桃花依旧在春风里笑意盈盈，依旧是《诗经》里的姣美容颜。

酒庄的格局是这样的。东边是休闲居，西边是酿酒坊。中间种植园里的桃花灼灼盛开，宛若一只只站在枝头的春鸟，又像一朵朵集结火焰的宣言。我们的朗诵诗会在酿酒坊北面的广场举行，与桃花们的朗诵同声相应。真是美好的相遇，春天、桃花、诗歌、春开窖，这几个词语犹如碧空的云朵，闪着悦目的白光。从《诗经》的“桃之夭夭，灼灼其华”走进唐诗的春天，走进“人面桃花”的优美意境，为我们导航的是绚烂的桃花，是桃花浩浩荡荡的香气。叫人亢奋的是，在不绝如缕的诵诗声中，空气中的酒香越来越浓，仿佛酒庄上空有一座盛大的花园，花朵多得堵塞了飞鸟的道路，稠浓的花香把蜜蜂都要呛死了。

朗诵会既毕，人们迫不及待地奔向酿酒坊。新熟的桃花美酒宛若一泓细细的溪流，从纤纤玉指一般的管道里哗哗流出，流到地上的酒桶里。酿酒工人接了满满的一铁皮茶缸，倒入桃花花瓣一般小巧玲珑的酒盅里的一刹那，一股浓香犹如积攒了许久的笑容，粲然开放，扑呀扑鼻香。这香，香得酽，香得醇，香得野，酽到肺，醇到肉，还要野到骨头里去。这香，把土地的醇厚、河流的纯净、五谷的芳香、阳光的深情以及春天的一些稍纵即逝的让人眩晕的幸福都集结起来。

我喜欢“桃花美酒”这个名字，它有春天的温度，也有浓郁的芳香；有岁月的表情，也有乡野的气脉。桃花开，开得美酒也出窖，这看上去更像一个美妙的爱情故事，发生在《诗经》的河边。桃花像情窦初开的少女，当羞涩的花苞层层打开，它勇敢地表白着：“有匪君子，如切如磋，如琢如磨。”美酒呢？这个憨厚木讷的少年刚刚编了一个美丽的草戒指。多么美好，桃花漫山遍野，芳香铺天盖地，为一纤纤少女和一翩翩少年的相遇渲染气氛，推波助澜。

我读过的桃花诗中，《诗经·桃夭》写得最好：“桃之夭夭，灼灼其华”，大地一下子就春天了。夭夭，钱钟书解释为“花笑”。这个解释比“茂盛”精彩许多。桃花开的样子像妙龄女子的微笑，目波澄鲜，朱唇皓齿，从植物娇美的花联想到婚嫁美满的果：“之子于归，宜其室家。”在《诗经》中，比兴像是清澈的溪流，有比兴在，一字一行宛如乡野的一草一木，都能看见它们旺盛的长势。《诗经》以植物喻人，一兴就兴到人的喜怒哀乐，仿佛人是植物上的花花果果，在厚重的农耕文明土壤里，单纯地爱着，率真地活着。

江南才子唐伯虎擅长水墨写意，也写一手好文章，流传最广的当推他的《桃花庵歌》：“桃花坞里桃花庵，桃花庵里桃花仙。桃花仙人种桃树，又摘桃花换酒钱。酒醒只在花前坐，酒醉还来花下眠。半醒半醉日复日，花落花开年复年。”桃花万枝千条，鲜丽灿烂，丹彩流溢，叫人晕眩，叫人生出无穷的幻觉来，恍若置身天堂世界，飘然若仙。美酒叫人沉醉，燃烧，沸腾，处于一种曼妙的飞升状态。唐伯虎把桃花和美酒两种香艳合一盏而饮之，何等的洒脱旷达，何等的畅快淋漓。他用桃花和美酒打通了世俗和神圣的通道，此岸和彼岸的通道。

桃花有多香艳，现在可以闻闻了；美酒有多香艳，现在可以尝尝了。我们从酿酒坊出来，穿过春风梳理花香铺设的小道，欣欣然陶陶然熏熏然地去种植园看桃花，看蜜蜂、蝴蝶和赞美诗竞相簇拥着的桃花。拍照，拍照。桃花美了镜头，桃花美了人面，桃花美了春风。长枪短炮聚焦的自然是人面桃花。人面桃花是一种美学，传达的是映衬之美互补之美，更是一种理想生活，人与自然的和谐相融美美与共。

桃花品种繁多，以花色论，有红桃、绯桃、碧桃、白桃、乌桃数种；按果形分，有绵桃、油桃、御桃、方桃、匾桃等。然而其中最美丽、最让人陶醉者，总是生长在乡野幽静之处，如同童年的蝉鸣，如同故乡闪闪发光的小河。桃花盛开的地方是哪里？是故乡。所谓故乡是一个安身更安心的地方，是阡陌交通鸡犬相闻的桃花源。人原本生活在故乡世界之中，春耕夏耘秋收冬藏，与植物相依为命。水泥狼群吞噬了这一切，落叶无根可依，终老无乡可还。但是，只要桃花年年开放，就能打开我们对故乡春天的记忆之窗，留住乡愁。

我们已经不再对冬天的西红柿们啧啧称奇了。那些不规则的瘤状突起，被催红素整形了的容颜，它们已不是童年的菜蔬，而是一些粗劣的塑料仿品。正因为如此，我们才喜爱应时开放的桃花，随着花瓣伸展的方向寻找人类幸福甜美的笑容。“人法地，地法天，天法道，道法自然。”一切都要回到自然中去，顺应自然节律，有条不紊地打开生活的茎叶花果。如同秋收冬藏春开窖的酿酒人，他们的酿酒之道是天道人心，是代代传承的经验和始终如一的虔诚，他们的内心只服从季节的指引，听见桃花开放的声音，即开瓮蒸酒。掰去瓮上的泥块，挪开大盆，以筐箩装了酒醅，置于烧锅中，塞入干草木柴高粱秸，燃烧，酿酒坊内顿时热气四溢，香气四溢。

樱花

一个印象似乎根深蒂固：樱花独属日本。

单个的樱花很小，小得宛如新生婴儿白嫩嫩粉嘟嘟的嘴唇，让人不忍碰触。樱花的花梗稍稍短于花朵的直径。这么一描述，樱花又有些恰逢豆蔻年华的少女，细长的脖颈托着一张粉嫩的小脸。花瓣的尖端稍稍下凹，仿若少女微笑着，显出一个浅浅的酒窝，盛满了娇美，盛满了爱怜。我相信，像我这个年纪的人，心里都藏着一个美丽清纯的邻家女孩，她樱花瓣一般的小嘴尤为甜美，她如小鹿般的眼睛灵动

有神，她的眼角眉梢皆挂着盈盈笑意。她是日本影星山口百惠。二十世纪八十年代，日风劲吹大陆，她饰演的舞女薰清纯无比，饰演的高中生幸子甜美无比，那种清纯那种甜美才配樱花。就像日本和歌圣手纪贯之在“山樱烂漫霞氤氲，雾底霞间隐芳芬”之中看见的美丽女子，一见钟情，一生不忘。

樱花是乔木，高达十多米，为早春三月美丽的观花树种，多群植于路边山坡庭院，亦可种植三五株围成锦团。樱花花色多为白色、粉色，先叶开放。白色安静，粉色羞赧，但高树们枝枝杈杈的，每一枝都花团锦簇，每一树都如云似霞，很像一群曼妙女子秀发飘飘裙裾飘飘地结伴游春，裙角卷起处，摇曳万种风情。

樱花从开放到凋谢都美得惊心动魄。樱花的苞片褐色，长圆形，像合拢的小手小心地捧着花蕾，捧着一束微弱的焰火。这样的花蕾像晶莹的泪珠，又像在料峭春寒中握紧的小拳头。开花的时候，这些被一根根枝条挑着的花蕾成了爆竹，在空中噼噼啪啪地炸响了，炸成五瓣十瓣二十瓣的花朵，花瓣累累叠叠，熙熙攘攘，三五十朵花攒聚成一个硕大的花球，枝枝颤颤的。《古今和歌集》有：“诚望深山里，樱花遍地开。山间团簇簇，好似白云来。”樱花，这春天美丽淡雅的云朵一降临人间，人们的生活便通透明亮。

日本是“樱花之国”。东京樱花、乔木樱、寒绯樱、河津樱、大岛樱、雏菊樱、松月樱、吉野樱，樱樱艳艳，白白红红，形成一个丰富的樱家族。樱花初绽日，穿艳丽和服的女人，踩二齿木屐的男人，呼朋引伴，扶老携幼，像樱花一样纷纷向外打开了卵圆形的花瓣，衣袂飘飘地来到樱花树下，团团围坐，围成一朵花的形状，或浅酌清酒，浅唱和歌；或怅然凝视，无语凝噎。樱花开的时候，树下是他们的家，樱花是他们的宇宙感的中心。

歌咏樱花，吟唱人与自然的和谐共融，诗歌是不能缺席的。樱花诗和樱花一样，以日本国为最繁盛。樱花入诗，却始于最中国最诗意的唐朝。据资料考证，秦汉时期樱花已在中国宫苑之中栽培，唐时蔓延民舍田间，盛花期的朵朵云霞让人们目注神驰。白居易：“小园新种红樱树，闲绕花行便当游。何必更随鞍马队，冲泥蹋雨曲江头。”李商隐：“何处哀筝随急管，樱花永巷垂杨岸。樱花烂漫几多时？柳绿桃红两未知。”诗经时代，是植物胜利的时代。四季转场，逐水草而居，有水有草的地方是人间天堂，草木是引导人们创造新生活的灯塔。薜荔可衣，蕨薇可食，根深叶茂的草木以及大地是喂养我们的生命和文明的那种东西，让人安身更安心的那种东西。逐水草而居，人与自然的关系不是战胜、践踏，而是顺从和敬畏。唐朝以降，花花草草或被闲适被喜悦，或被离愁被孤苦，成为文人们撒娇或者愤怒的出口。

譬如，白居易的小园里新种的红樱树，我们读到的是诗人悠闲自得的情怀，很难确定诗人写的是樱桃树的花，还是樱花树的花。樱桃樱花宛若姐妹，都在蔷薇科樱属这个大家族里争奇斗艳。不管红樱花还是白樱花，它们说开就开，开得团团簇簇，饱满，嚣张，长卵形的萼片则温顺地水平开展。樱桃开白色的伞状花，花小而繁密，萼片是反折的，和花的开放保持着一种心灵的同步律动。樱花樱桃的花皆有缺刻和花梗，樱桃的花梗短一些，它有一个木花柄，木花柄生出许多小花柄，小花柄擎举着许多带梗的花，看上去仿佛小家碧玉出门去，纤腰楚楚闪过月榭，珠翠辉辉照了花台，穿窄窄的小巷，走弯弯的石桥，在熙熙攘攘的人群谨慎而镇定地打开它们的笑容。樱花的花梗略长，花瓣略大，花朵尤为热烈繁盛，很像丰腴典雅妍丽的盛唐女子，无叶遮掩的枝条高耸挺立，袒露着盛花期的丰满、性感和勃勃生机。

读樱花诗，可以窥见中日文化的差异所在。中国人以我为主，花开月好笑以对，木叶落兮凄凄，樱花是诗人内心情感的客观对应物。日本民族对自然四季的体察尤为纤细而敏锐，他们的感官为四季而生，情感的活水因花开叶落而奔涌。他们喜欢草木葳蕤，生机勃勃；更迷恋花叶飘零，纷飞如蝶。四时犹如车轮，转动着他们的饮食起居以及悲欢离合。四海八荒的日本人携酒带肴，齐聚樱花树下，喝酒唱歌，“萨库拉，萨库拉，阳春三月碧空下”，他们当然观赏树上的樱花，“世间若无樱花艳，春心何处得长闲”。在他们看来，长枪短炮瞄准远远近近的樱花，咔嚓咔嚓响几声，就钻进乌黑的汽车里疾驰而去，是对自然之美的极大亵渎。他们听从自然的指引，凝神谛听樱花绽放的声音，也等待漫天的樱花飘落如雪。樱花七日花吹雪，樱花飘然下坠之时，日本人旺盛的生命力达到了一年中的最大值。乡愁满满的樱花歌从结尾处开唱，清酒满满的杯盏落下又高举，直到落樱“如同金箔从全景灿漫的描金屏风上剥落下来一般”，落满男人圆圆的杯盏，落满女人白白的颈脖，落满流水潺潺的河面。空中白蝴蝶漫天飞舞，地上的人们满面忧伤。落樱是寂灭，是感伤，是空漠，是生命的华美落幕。人世的繁华喧闹都是表象，一切必将归于寂灭。日本人痴迷这种绚烂之美的轰然凋落。落樱文化是日本民族独有的精神取向。

纪贯之等人编撰的《古今和歌集》辑录咏樱歌六十多首，赞美樱花灼灼其华幽幽其香的篇章寥若晨星，触目所见多是惜春伤樱的情绪，仿佛落在纸上的不是文字，而是片片飘零的花瓣，绚烂而哀婉。《古今和歌集》中有这么一首："斯世似空蝉，人间有变迁。樱花开复谢，顷刻散如烟。"空蝉是什么？空蝉是金蝉蜕变留下的薄薄的蝉蜕，是灵魂飞离之后的肉身部分，是无常而短暂的生命。

在日本文人的世界里，樱花盛开，花繁如雪；樱花凋零，纷飞如蝶。那么绚烂的一树樱花，那么盛大的欢悦景象，风一吹，就衰败了。他们栖身的岛国，台风较多，地震较多，自然的伟力让他们备感人的脆弱与无奈。读三岛由纪夫的《四季之心》，读到樱花无法遏制的飘落，叫人感到可怕，有一种如坠深渊的恐惧感。日本樱花诗人西行曾写诗：“此时遂吾原本，死于樱花下。”落樱的静寂凄清和日本人忧郁孤寂的气质是吻合的，生如樱花之绚烂，死如落樱自然而然地飘落。樱花开复谢，人事有代谢，在爱花人的世界里，樱花不是观赏花木，而是以它的花瓣花香以及绽放飘零影响着人们的生活，引领人们感悟人事的繁华与寂静。它是我们呼吸着的清新空气，悲欢离合的策源地。

无论冬枯夏荣春华秋实，大自然的花草树木像清风，像空气，像河流，源源不断地向我们的世界输送物质的慰藉和精神的浸润。我们应该庆幸，在至亲至爱的人远离我们、人世繁华如烟消散之后，我们并不孤独，陪伴我们的是童年的植物。循着枝条生长的方向或者花朵舒展的弧度，我们可以看见许多年前的那些春天。我们有一个敏感细腻的心灵，我们温情脉脉地注视这个世界，这份修为这种气质得益于花花树树的滋养。赵师侠《采桑子》：“梅花谢后樱花绽，浅浅匀红。试手天工。百卉千葩一信通。”唯有我们的内心和百卉千葩相通，才能看见植物无与伦比的美丽，并从植物茎叶花果的姿容中发现人类生活的模样。

野野口立圃有俳句曰：“天也醉樱花，云脚乱蹒跚。”真是一群活泼的、欢快的、生机勃勃的生命，都被樱花迷醉了。通篇不见一个人影，单一个醉字，就把赏樱的人喝酒的人唱歌的人快乐的人忧伤的人都纳入了一场尽情的绽放之中。

兰花

兰花与梅花、竹子、菊花合称花中四君子。梅花菊花皆为贞洁刚烈之花，以寒冷枯寂中的花繁色艳见长。花草陷凄冷萧索之境地，犹人逢乱世，亦如文人被权贵们排挤在野，不凄惶，不颓废，面朝寒霜冰雪，孤傲地开放，坚韧地释放自己的清香。风刀霜剑成就了它们的铁骨霜姿。兰花和竹子则是清洁安静之花。竹子四季常绿。我们深爱不已的是凉风吹吹月光荡荡之下的夏夜的翠竿绿叶。“珠光摇素月，竹影乱清风”，在这恬淡宁静的唐诗意境中，把盏赏月，临风赏竹，教人好不风雅。

梅兰竹菊是四时之花，宛若季节铁褐色的树枝上依次开放的四朵花瓣，呈现着四季的光阴之美和惊艳之姿，以及精美的时间秩序。春为四季之首，万物重新出发的地方，就像写作从常识出发，从对这个世界的切肤体验出发。兰花，是春天的领舞者。“春兰兮秋菊，长无绝兮终古”，在草编鼓槌敲击兽皮鼓的咚咚声里，一群春心荡漾的青年男女春光无限地传递着春兰，多巴胺、去甲肾上腺素等快乐因子在身体内迅速上蹿。“与君兰时会，群物如藻饰”，兰时，春时，引申为良时，兰花盛开的春天都是青春欢畅的好时辰。较之冬梅夏竹等，兰花有它的千般好：“竹有节而啬花，梅有花而啬叶，松有叶而啬香，惟兰独并有之。”（陈继儒《珍珠船》）

说说兰花。春三月开放的兰花，兰科多年生草本植物，四季常绿，这一点像竹子。竹枝中空，有节，无年轮，竹子也是草本。竹子兰花叶形相似。竹子挺拔修长，比兰花高出许多；兰叶碧绿细长，比竹叶大了不少。兰花是文静淡雅的女孩，竹子则是挺秀儒雅的男子。兰花在春天轻轻吟唱，竹子于夏夜静静起舞。赏竹不赏花。《山海经》：“竹生花，其竿便枯。”兰花的叶叶花花皆可品赏。

兰花的叶子带状，狭长而尖，长可达半米，多枚，从卵球形的假鳞茎上径直生长，有点儿像韭菜的叶子，也有点儿像春天的麦苗，长到一些高度就微微向下往外弯曲，犹如喷泉一样旋转出美丽的弧线。观其花，淡定的绿，与叶同色，娇小的卵圆形的花瓣羞涩地围抱着蕊柱。花葶亦从假鳞茎上抽出，直立，明显短于叶。一个花葶通常开一朵花，宛如邻家女孩的辫梢打了一个漂亮的蝴蝶结，看上去娇小玲珑，不张扬，有静味。

这种在唐朝以前籍籍无名的兰科植物是南方温热带地区广泛分布的一种野草。它大多生长在多石山坡或林缘草丛等容易被忽略被遮蔽之所，它的旁边多是那种臭臭的艾草，或者茎蔓上挂满五棱铁锤的野蒺藜，以及众多的茂盛的野草。今天，兰花遍布南北各地，且由空谷、山坡等地挪移到了雅室幽馆轩榭之类的场所。让兰花从萧艾的重重围困中突围，空谷幽兰转身为雅室兰香，是因为它的香气。

兰叶无气，散发香气的是盛放的花朵，花枯香断。我喜欢把兰花看作清纯清雅的邻家女孩，幽幽又悠悠、默默又脉脉地散发着清香。兰花的香气很结实，宛如一根细长的柔韧的绳子，拴着人的鼻尖尖，从远处往近前拉。凑上去细嗅，香气馥郁，不刺鼻，仿佛一朵一朵的油花在热锅里刺啦刺啦地开放。如此悠远而又清冽的花香，感觉敏锐的古人在《广群芳谱》中写下了绝美的十二个字：“幽香清远，馥郁袭衣，弥旬不歇。”元代文人萨都剌更是不吝溢美之词：“幽兰日日吹古香，美人不来溪水长。”作为植物，兰花无法移动一步，但飘飘的香气建造了一座盛大的空中花园，一个充满奇迹与生机的辽阔世界。

诚然，我们的生活现场不止香气飘荡，还有让人感到不舒服的臭草的味道，更郁闷的是臭草以香花的名义控制了我们的嗅觉世界。我们都是生活在空气中的群体。美化空气的香草香木像美人像美德，熏陶启迪着我们学会欣赏它们，提升我们明辨美丑的能力。

我们敬仰那些履行蜜蜂职责的人，勤勉采花，奔忙授粉，创造着芬芳而鲜活的空气。《诗经》是草木清新，清风飘荡，清香徐徐，宛如兰在远处，安静自持。《楚辞》是巫风弥漫，香草香风浩荡，仿佛近处之兰，香气浓郁而清澈。读历代咏兰诗词，发现一个奇妙的现象：唐朝的两个爱花人描述的是两种不同科属的植物；而且，种兰咏兰在这个朝代形成了一个分水岭。

读白居易，读到一个种花人的犹疑与困惑：“香茎与臭叶，日夜俱长大。锄艾恐伤兰，溉兰恐滋艾。”白居易晚年自号香山居士，他的香山没有屈原的壮阔，“沉吟意不决，问君合何如”终敌不过“朝饮木兰之坠露兮，夕餐秋菊之落英”的执拗与快意。江州司马的《问友》是向内探寻，用心用力剔除外在的、内心的萧艾，自芳其芳，亦有中国文人的独立人格和自由精神在里面。晚唐诗人唐彦谦的《咏兰》写得清秀清奇，宛若一汪清泉自松林流泻而出，细语淙淙，清风习习。诗中有这么两句：“清风摇翠环，凉露滴苍玉。”剥去镶金嵌玉的华美修辞，回到本体，回到大地上的草本植物。“翠环”指的是兰花下弯成弧形的带状绿叶。青绿色的玉佩和镶嵌在一簇簇翡翠的叶丛中的花瓣同色，所处位置均类似绿茵场上的突前前卫。唐彦谦在诗中亲切地称此种兰花为“绿莎”。今有多长于多石之地的兰科地生植物莎叶兰，带形叶和卵形花均为苹果绿。《咏兰》是我读过的最早的描述兰科草本植物兰花的文学作品。

白居易栽培之兰有香茎，非近世之兰，而是唇形科多年生草本植物泽兰，《诗经》的“士女秉兰”和《离骚》的“滋兰九畹”均是此花，它在巫术盛行的年代声名鹊起。观其名，可知沼泽、泽陂、湖泽川泽之畔是它的自在欢乐之所。泽兰的生长多姿多彩。地下茎稍肥厚，白色；茎直立，方形，中空，色泽紫红；叶绿色，对生，披针形，宽长类似韭叶；紫萼白花，花如米粒一般小，细细碎碎的，轮伞花序；坚果暗褐色，三棱形，簇生枝端。值得一提的是，泽兰的茎叶俱香，燥湿不变，可纫可佩。《礼记》记载，王朝庆典之时，“诸侯执薰，大夫执兰”，薰是熏炙的兰，其香浓郁无比，此花亦有杀蛊毒、辟不祥之功效，为唐代以前祭祀礼仪的重要用品。《诗经·溱洧》描绘的是三月三上巳节青年男女人手一束嫩绿的泽兰去河畔祈求吉祥幸福的民俗活动。可是，香兰制造出的香甜空气，灼烧着男孩女孩青春的脸。心跳加速的他们采撷芍药以相赠，随手可采的香草成了纯真爱情的信物。泽兰八月花白。清人吴其濬在撰著《植物名实图考》时，实地考察了溱洧二水，大植物学家这样写道：“余过溱洧，秋兰被坂。紫萼杂沓，如蒙绛雪。”

近世之兰有叶无枝，不可纫佩，远离熙熙闹市攘攘人群，仿佛弹琴复长啸的隐士生活在幽深僻静的空谷。兰花和兰草泽兰山兰等香草都诞生于古老的年代，尽管它在《诗经》《孔子家语》《离骚》等古籍中面目模糊。孔子赞为“王者香”的香兰亦非今日之国兰。兰花从泽兰等众多香草的遮蔽中伸出它如一线长河的叶子，得益于宋朝文人的种植与代言。

时人多以泽兰为真兰，奉为祭祀圣物和灵丹妙药。以“杂记见闻，

亦颇赅博”闻名的元朝进士熊太古在《冀越集记》执拗地称叶如麦门冬、无枝无茎的幽兰为非兰。在宋朝，山谷老人为一种生长在深山穷谷的野草正名，给人们惯常的生活注入一股新鲜清雅的自然气息，是需要足够的识见和勇气的：“兰蕙丛出，莳以沙石则茂，沃以汤茗则芳，是所同也。至其发花，一干一花而香有余者兰，一干五七华而香不足者蕙。”（黄庭坚《书幽芳亭记》）不难看出，宋人已经栽培野生兰。兰花在帮助人们塑造人格的同时，也在种花人的细心培育中绵延着它的芳香。汤茗是滤去茶叶的茶汤。山谷老人关于春兰蕙兰的科学描述和准确命名，使得一个崭新的兰花家族在众人的视野确立了清晰的轮廓。当然，兰花的品种像乳名叫兰花的邻家女孩一样多，一样美丽。春兰、蕙兰、建兰、墨兰、寒兰等地生兰宛如美女的五官、甜美的笑容以及芬芳的呼吸组成了四季的容颜。

简叶疏花。简者清静安然，疏者雍容淡雅。这是一种崭新的形象，它恰到好处地勾勒出迁客骚人悲催路上淡定的身影从容的表情。迹简意淡，追疏求淡。崇尚疏简，追求天真幽淡，是宋代文人画的画风，是遭受权贵和小人碾压的文人的精神突围。

北宋内忧外患，南宋已是半壁河山，仿佛一座倒塌了围墙的建筑，偏偏遇到风雨交加雷声大作。何处是幽静的空谷？何处是避世的桃源？我心静处即是幽谷。一页素笺，五叶三花，暂且歇一歇落叶般漂泊的心灵。南宋赵孟坚以墨写兰，喜画春兰两株，丛生草地，兰花盛开如翠蝶翩翩，清高，飘逸，淡雅。文人是转世的兰花。诗人郑思肖亦擅画墨兰，以简淡之墨撇出一花数叶，不画根土，即“露根兰”，凸显兰花高洁的品格。宋亡后，他以露根之兰表达他的无土亡国之痛。在无土露根的境遇里活着，人可以愁容满面，日渐枯槁；也可以清新洁净，清高超然。

文人画有着简洁、自然、飘逸的逸品画风。画者以虚静之心体察自然之美，达成与自然世界的心心相印。多取材于山水花鸟梅兰竹菊的文人画，宛如一株静静生长的兰花，萌芽于魏晋，盛放于宋朝，至今芬芳不散。

玉兰

许多开花植物具有明显的女性特征，譬如桃花莲花菊花梅花。玉兰这样的名字，提醒此种植物有着花色似玉、花香如兰的美质。盛花期的玉兰最有大家闺秀的韵致。我认同古人眼中的玉兰：“绰约新妆玉有辉，素娥千队雪成围。我知姑射真仙子，天遣霓裳试羽衣。”（文徵明《咏玉兰》）

玉兰的确是一种雍容尔雅华贵端庄的植物。深灰色的枝干，革质的长椭圆形树叶，枝叶广展形成阔伞形的树冠。我家住宅小区的南面有一个小公园。春天，小公园里最早的开花植物是高大的玉兰，洁白硕大的花朵开在十多米高的灰褐色树枝上。和玉兰共同追求天空的寂寞的是银杏。这儿栽培的花木和农民种植的蔬菜一样，按照四时节气植物的生长规律来安排。在天空绽放云朵、大地绿涛澎湃花海汹涌的四月，玉兰和银杏在高处引领花木的成长。雪胎梅骨擅长女工的玉兰牵引着阳光的丝线，把朵朵白云缝缀在发梢和衣襟上。挺拔俊逸的银杏则把一缕一缕的春风剪裁成淡绿色的扇形叶。玉兰先花后叶，银杏先叶后花，二者互补共生，成就着天空的蔚蓝。从春日到冬季，孤植对植列植丛植群值篱植的许多植物宛若身高不等胖瘦有别的孩子，熙熙攘攘融融泄泄地生活在玉兰银杏们身边。心思缜密的云杉和雪松，香气浓郁的丁香和紫荆，细丝细嗓地说着悄悄话的榆叶梅和紫叶李，羞答答的紫薇，表情天真而内心纯净的青竹和冬青。说说诸葛菜和鸢

尾花。它们是一些株丛密集低矮的地被植物，花开成片，远远看去，像是一群美丽的紫蝴蝶贴地而飞，把清新和芬芳到处播撒。

我对小公园有着一种特殊的情分。我在住宅小区隶属的工作单位住过一段时间的单身宿舍。那时，小公园是一个四面都有围墙的百草园，草丛中矗立着三间废弃的建筑工地简易房，西面一间作了我的临时厨房和仓库，存放家具和我的关于婚后生活的一些迷惘、无奈以及希冀。宿舍是单位办公楼四楼的一间图书仓库，西面几排简陋的书橱上或竖立或横卧着一些泛黄的建筑电工烹饪之类的实用图书，东南角向阳处摆了一张单人床，容纳我的美梦噩梦清醒梦糊涂梦。许多个傍晚，我在百草园一待就是小半天，坐在马扎上看书，看天，也看满园的野草。鲁迅的百草园有高大的桑树皂角树，我的眼前只有牛筋草马唐草拉拉藤毛谷英，没有覆盆子，没有何首乌。百草园混杂着野草、鸟粪、碎砖头、钢筋条、混凝土渣，像一个大鱼小鱼出没其里的绿湖。近黄昏，众草摇曳如梦，我的双眼睡意蒙眬，这时，青草的香气涌动着，像一群顽皮的小鱼儿咬着我的睫毛我的鼻孔。细细地嗅，有车前草的腥味儿，有艾草的香味儿，有毛谷英的涩味儿，似乎还有一些别的味儿。这些清爽的味儿，是碎砖破瓦之上的珠宝，在它们的熏染下，灯光月色天空云影都有自己的香息。

关于这块闲置空地，一个普遍认同的说法是建成沿街楼，一楼为商铺，其他楼层为职工公寓。如同出人意料的科幻片一样，百草园的围墙被推倒，杂草被清除。公园犹如童话里的房子，瞬间建成。冬青站成的篱障，围护着云杉雪松石榴海棠丁香紫荆这些公园的新居民。植物种类的选择与配置讲究的是立意为先，人为的痕迹很重。但是，这些植物的生枝发叶只听从自然的指令，美丽而安静的植物在局促的公园里，如同在寂寥的山野在贫瘠的洼地上，围拢成一个善的大海洋，芬芳的空气和湛蓝的天空在这里生长。

巧合的是，小公园建成的那一年，我们一家五口结束了三地分居的生活。守着一柱炊烟两亩薄田三畦菜蔬的父亲从洪沟河南岸的那个小村赶来了；母亲、妻子、女儿三个人也告别她们的母系氏族生活，搬了过来。那两年是我家最最幸福的时光，每每女儿从幼儿园回来，家里像多了许多人口，她猫到东屋，又飞回西屋，仿佛我们这些大人是她的胳膊和腿脚，隔一会儿，就摸一摸还在不在。女儿的奇思妙想，像空中突然炸响的许多花朵，清新鲜丽，香气的场域很大很大，以局促的单元楼为中心向外延展，日日走过的小公园，女儿歪歪斜斜跑过的商场路，甚至我在异乡的梦，均是场域的一部分。

四月的一天，女儿在小公园里完成幼儿园布置的课外作业“春天里的发现：寻找小蚂蚁”。她用一根小树枝小心地拨拉着小草、沙砾、土块，看缓慢爬动着的黑不溜秋的小蚂蚁，也看见了许多白里透黄、黄中泛绿的嫩芽儿。突然，女儿很夸张地抽动了两下鼻子，嘴里说着好香好香啊，眼睛骨碌骨碌地转着，寻找香味的来源。

紫荆的花苞宛若一堆红红的高粱米，攒聚在灰白色的枝条上。紫叶李紫紫的尖尖的小叶正对着白白的圆圆的花苞挤眉弄眼。雪松的针形叶和冬青的卵形叶是一色的绿。它们使四月的小公园变得年轻鲜活明亮，把一缕缕阳光裁剪成慈爱的衣衫。它们的香气是细微的，飘忽不定的。公园里涌动着的香味儿却是另外一种，艳而不妖，香而不腻，仿佛一条条纯手工的搓棉线绳，细腻而结实；又有些像雨后的栀子花，浓浓的香气浸了凉凉的雨水，清爽馥郁，叫人如饮醇醪，似品香茗，香破了鼻子，醺醉了肺，滋养了肝，快活了胃。

当然，如此强烈的香气是容易发现它的出处的，尤其是对香气啊甜味啊特别敏感的女娃儿。女儿歪着脑袋，嘴巴微微上翘，目光掠过层层叠叠、亭亭如盖的玉兰花，直直地戳到蓝蓝的天空白白的云朵。然后，她天真地问我：“爸爸，树上开的花叫一朵云吗？”一朵云，一朵一朵的云在蓝天上飘，一朵一朵的花在树枝上开，云朵洁白飘逸，花朵清香远溢，天上的云朵和地上的花朵有着色彩的呼应和精神的同

构。在云朵花朵的熏染下，小公园乃至周边的道路楼宇广场成了一座宏阔的花园，微风小草树叶全都履行着蜜蜂的职责。

一朵云，这是我见过的关于玉兰的最具想象空间的命名，呈现着它的色彩之魅和风度之美。玉兰也叫望春、玉堂春，听上去像是树上的春天把大地照得亮堂堂的，把人心照得暖融融的。玉兰是一种吉祥树。玉兰、海棠、牡丹、桂花四种植物同植一园，古人称之“玉堂富贵”。其中，玉兰最为高耸挺拔，最具玉树临风的气质。玉兰的花开裂九瓣，花瓣卵形，敦厚洁白，花冠杯状，在高处绽放时宛如千枝万条高擎着许多的金樽玉杯，又如一盏盏白色的神灯，在无人可及的高空被云的火把点亮了。一树高花，远望仿佛雪涛云海，蔚为大观；近看恍若白玉生烟，叫人飘飘欲仙。春天的生长是这样的。先是一些小鼻子小脸的花朵贴地而生，譬如荠菜，譬如蒲公英。然后，春天像垒积木一样搭建它的大花房，桃花杏花梨花在三四米高的枝条上鲜艳艳地开放，最高处是玉兰。玉兰花体丰腴若桃，花色洁白似雪，花香浓郁如酒，千千万蕊，一时尽放，白光耀眼，天空像碧绿的大地一样，变得澄澈了，也蔚蓝了。这才是鲁中平原开阔敞亮的春天。

我告诉女儿，它是玉兰，是从地上生长出的最美丽的云。玉兰花开的那些日子，小公园突然多了许多人，清风、明月、鸟鸣、爱情等许多美好的事物蜂拥而至。花真香啊。香气消解了彼此的距离，陌生人从玉兰说到故乡花事，越聊越热乎。小公园南侧聚集着一伙揽活的农民工，等活的时候玩几把牌。父亲爱打扑克牌。有农民工被喊走了，父亲靠上去凑个手，打了几把牌，就和他们攀上了关系。领头的是个人高马大的老妇女。她负责和雇主讨价还价，并物色人选。父亲让女儿喊她奶奶，她应声的时候嗓门特别大，显出十分幸福的样子。最令人惊奇的是月光荡荡的晚上或者露珠莹莹的早晨，小公园成了一罐蜂蜜或者一坛美酒，经过的人大都吧嗒吧嗒嘴儿，或者耸动鼻子来几个深呼吸，然后，安安稳稳地进入梦乡，或者清清爽爽地开始一天的忙碌。

俗话说，弄花一年，看花十日。玉兰花期只有短短的十天。开的时候似莲若灯，优雅从容；飘落的时候一瓣一瓣的，犹如白蝴蝶，飘逸轻盈。落花时节，我和女儿忙忙碌碌的，把落到甬路上的花瓣一瓣一瓣地捡起来，小心地放到生长鸢尾花诸葛菜的绿地上，让玉兰的香气在小公园里多停留一些日子。香香的花瓣被环卫工人倒进垃圾箱，我想，玉兰会委屈的，女儿也会委屈的。

槐花

春天，朱耿村的人最爱吃的花是什么？槐花。还有第二种吗？如果有，告诉我，我请你吃香煎槐花饼。

榆钱，也叫榆树巧儿，其外形圆薄如铜钱，三四月间生发，鹅黄嫩绿，捋满一小筐，拌上玉米面蒸熟，加入蒜泥、生抽、辣椒油，口感清甜滑糯香辣，好吃得不得了。榆钱不是花，是果。说榆树的果长得像铜钱，我的心里疙疙瘩瘩的。榆树几万年前就有了，而铜钱的历史也就两千多年。我想，当初设计铜钱的人一定是个吃货，把货币做

成了榆树的果的模样。是不是这样呢？朱耿村的老槐树一定知道。

朱耿村榆树并不多，槐树到处可见。槐树在村头。槐树在路边。槐树在房前。槐树在河畔。朱耿村的人不说某人笨头笨脑，说他是榆木疙瘩。小孩子抵制老人的封建迷信：榆木疙瘩，砍上三斧子都劈不开。榆木疙瘩上长出的榆钱很好看，看在眼里，美在心里；吃在嘴里，甜在心里。朱耿村的槐花也很美，也很甜。而且，乳名叫槐花的女孩子特别多。生了槐花的妇女，村里人都叫她槐花她娘。女孩子喜欢扎堆玩，丢沙包啊踢毽子啊藏猫猫啊，到了饭点儿也不回家，村南村北就响起了槐花她娘喊“槐花”的声音。“槐花——”，喊“花”的时候，声音上扬，辅以拐弯的颤音，好听极了。若是在春天，这声声“槐花”真的像花蕾，一瓣一瓣地打开了它的芬芳，横街竖街都壅塞着一种清甜香润的气息。

朱耿村的槐树有两种。一种是国槐，羽状复叶，夏天开淡黄色的花，花蕾未绽时采收，我们叫槐米，慢火，摊平，微炒，炒香炒黄了，作茶饮，初入口微苦，回口盈润甘香，越喝越上瘾。另一种是刺槐，也是羽状复叶，春四月开花，乳白色，也叫洋槐花，开花的时候空气中弥漫着一种香甜清雅的味道。有的小孩子吃饭不安分，拿着菜馍馍跑到大街上，吃一大口菜馍馍，又对着槐香充盈的空气咬一小口，然后腮帮一鼓一鼓的，喉头咕噜有声，吃得津津有味。刺槐的花莹白如玉，鲜嫩如脂，清香可口，朱耿村人不分老幼不论贵贱，都以此种槐花为美食。

我的父亲和二叔分了家，奶奶和二叔二婶住在老宅子里。父亲租赁了本村一间不足十平米的南屋，门楼的过道是临时厨房。这所农宅的东面是韩姓人家的一处宅基地，上面种了很多的树，有白杨，有梧桐，也有刺槐。春天，朱耿村的河塘沟渠绿了起来，绿得醉人，绿得可爱；而一棵棵槐树却从滔滔绿海中翻涌出朵朵洁白的浪花。其中，最灿烂、最令人陶醉的槐树，如同在十里翠湖闲游的白云，它们站立在我家的东面。槐花的芳香落到饭锅里，香香甜甜的；沁入我们的梦里，香香甜甜的。

槐花的花期半个月左右。同一棵槐树开花有早有迟，有的枝条挑着嫩黄嫩黄的花蕾，有的枝条捧着亮亮白白的珍珠。在这段时间里，我家的生活完全配得上甜蜜这两个字。有月亮的晚上，有时被槐花的香气惊醒，以为天亮了，就喊醒妹妹去捋槐花。母亲轻轻地说，这孩子睡毛愣了，接着睡吧。躺下，再要睡，我却怎么也睡不着，似乎所有的毛孔都打开了，呼吸着一波一波的香气，整个人像躺在了一个蜜罐罐里，十分的享受。父亲真会选地方。自他另立门户，槐香绕户生，槐花作门铃；而我的甜蜜的味蕾就是在那时得到了优质的培养。

捋槐花，关键词“捋”。用手握住一串槐花，轻轻地往花束的末端滑动，手一松，槐花如玉，大珠小珠落竹篮。槐枝有刺，须小心避开。小孩子爬树，用手捋，有危险，且所获不多。也有威猛的男孩用长竹竿绑了镰刀，在树上表演摘花飞刀的绝技，树下枝叶狼藉，不可取。但男孩的用具启发了我的创造力。寻来一根粗铁条，钳子锤头齐上阵，把铁条弯成半月形的铁钩，用细铁丝牢牢地绑在长竹竿上。这样一来，等于我的手臂瞬间长长了，宛如童话故事里的长臂猿，动作轻盈而优美。长竹竿犹如紫燕穿杨柳，探到槐花丛中，铁钩稍稍一拧，就有一嘟噜的槐花仿佛美丽的白蝴蝶一般翩然飞落。

等在树下捡槐花的是我的妹妹，还有一个叫槐花的邻家小女孩。妹妹的乳名叫小花。每每捋了大串的槐花，我就喊着“槐花”，竹竿往槐花妹妹那边一拨拉，槐花双手一伸就捧住了。喜滋滋的槐花妹妹摘几朵白白嫩嫩的槐花，先往我嘴里送。槐花清甜脆嫩，槐花妹妹的声音甜甜脆脆的。这些甜甜的东西灌注到我的身体里，仿佛大力水手刚刚吃了一罐菠菜，顿时神力大增。妹妹有些小情绪，咕嘟着小嘴，像槐树圆鼓鼓的花苞。可是，到了傍晚，这花苞就绽放成一张灿烂的笑脸。槐花她娘做了香煎槐花饼，让槐花端了过来，母亲留槐花一起吃饭。那些洁白的槐花被槐花她娘择洗干净了，又裹了一些玉米粉，加少许盐和适量水，调成糊状，槐花面糊去油锅里嗞啦嗞啦地翻了几个身，就变成香脆鲜甜的槐花饼了。槐花这一番美丽的旅行，到达了妹妹的舌尖，她兴奋得不得了。

槐花她爹她娘地里活多，你们多照看槐花。母亲说着话，手里的活也没停下，她弯着腰在过道里拾掇东西，我站在她的身边，忽然发现我长高了许多。大人像鸡一样起早贪黑地在泥土里刨食，我们小孩子也有一些小作为，譬如捋槐花。槐花之上是飞鸟，是流云。飞鸟飞走了，流云流走了，就在少年的心怅然若失之际，洁白芬芳的槐花落了下来。

槐花真的是一种越看越美的花。单看一小朵，花形如蝶，五片花瓣，一片略大，近圆形；花瓣们微微卷曲，似半遮面的少女，有一种欲语不语的羞涩之美。这样的无数朵重叠悬垂，垂成一条条好看的长辫子，又像一串串风铃，在风中歌着春天，唱着童年。

我们捋了香香的槐花，或者采了一些甜甜的榆钱，母亲干活回来，看见了，很开心的样子，问我们想吃什么。蒸槐花很不错的。让每一朵槐花都蘸了白白的面粉，粒粒分明的槐花愈加白皙丰腴，置于干燥的屉布上，旺火热蒸。等揭开锅盖的时候，一锅的槐花热气腾腾，鲜香四溢。田野里的麦子似乎也饱餐了一顿蒸槐花，抽出了很长的穗穗，一棵棵出落得挺拔秀美。

二月蓝

洪沟河南岸有很多植物，花期特别长，有的抵得上一个春天的长度。说说春天的几种花吧。初花略带红晕、形如小女孩脸蛋的茶花，从冷冷的深冬开到来年三四月间。花形像旋转的纸风车、神情却安静无比的兰花，俗名叫蓝蝴蝶紫蝴蝶、在草地上舞翩翩的鸢尾，都开得旁若无人，灿烂持久。

还有一种叫二月蓝的野花，仿佛整个春天都在开放，一副不知疲倦的样子。二月蓝的花和上衣的纽扣差不多大小，花形有点儿像漂亮

的梅花纽扣，也有点儿像鸢尾。和茶花、兰花、鸢尾这些春天常见的开花植物相比，二月蓝的花形是最小的，单朵花的花期也是最长的。

春天的洪沟河南岸是百花的伊甸园。地上的野花、树上的花，还有蝴蝶这些飞翔着的花，以及天上的云的花朵，铺天盖地的花儿把春天塞得满满当当的，拥挤着，喧闹着，让人觉得这世界就是花儿的。桃花谢了，梨花开了。大地在变换不同的芬芳的笑容。仔细留意，一朵花的花期并不长。从开放到萎谢，一朵茶花一般是一周到两周的时间，兰花也就半个月。单朵的鸢尾只开三五天。一朵二月蓝的开放时间有多长呢？一个月。

二月蓝这名字是一件漂亮而得体的衣衫，烘托花儿的气质，凸显花儿的个性。二月蓝开蓝色的小花，确切地说，是蓝紫色，美丽而文静的颜色。它在农历二月开始开花，按阳历来说，为三四月间，四月是盛花期，有些小花以它们天真执拗的微笑撞开夏天的门窗，开在六月明晃晃的骄阳下。一些小花有着迷人的天空蓝，它们今天在那里开着，过了一些日子，还在向天空眨着眼睛，久而久之，这些小花就成了孩子们的地标植物，孩子们挖野菜打猪草必定经过的地方，他们返回童年的回忆之中所必定采撷的纯洁而天真的微笑。

在洪沟河南岸，二月蓝随处可见，在溪畔，在路边，在河滩，在林源，无一不是绿肥的叶子捧着瘦小的花朵。说真的，一朵两朵的二月蓝并不打眼，看上去叫人有些忧伤，仿佛贫困人家的女孩穿了母亲的旧衣服，在风中歪歪斜斜地走着。可是，一千朵一万朵花在一起齐刷刷地开放，那阵势就不一样了，大地织锦，繁花如海，汹涌澎湃。

四月的洪沟河南岸，天空蔚蓝，河流碧蓝。四月最美好的事情，是天的蓝在河水里呼吸，水花一漾一漾的；在陆地上生长，蓝色的微笑一朵一朵的。这种蓝里透紫的小花生长在洪沟河南岸，就是想把流水的欢乐和天空的蔚蓝集聚起来，凝成一种简单而明快的微笑，绽放在村庄阴暗的墙根，在村庄通往洪沟河河滩的闪闪发光的小路上，尽情地表现绿地碧水蓝天物物相谐的欢乐，引领孩子们的脚步走进大自然的幽深之处。

小孩子是有一些小失落小忧伤的。比如，挖的野菜里掺进了几棵豆苗而遭到了父亲的训斥；像猴子捞月亮那样，在河的南岸看看北岸那一树树洁白的槐花，又看看槐花在水面的洁白的倒影，内心涌起了一些莫名的小感伤。人和鸟类、花木一个样。小鸟们聚在一起叽叽喳喳的，很快乐的样子。一朵小花在风中笑了，接着，许多小花都笑了，笑得灿烂，笑得花容舒展。孩子们玩野菜多是三五成行，挖多挖少不怎么重要，挖得多的给少的匀一些，或者让野菜蓬松一些，挎着满满一大筐，高高兴兴地从四邻五舍的夸奖走进母亲的夸奖里。

如同许多美丽的花草都有无数个美丽的名字一样，二月蓝也叫诸葛菜，当然它还有其他的名字，叫什么菜子花啦，紫金草啦。孩子们大都知道诸葛亮这个人的，诸葛亮在巴掌大的小人书里草船借箭，七擒孟获，是古代有名的大军师。他写过一篇很有名的文章《出师表》，其中写到行军的艰苦跋涉：五月渡泸，深入不毛。传说，诸葛菜是诸葛亮率军出征途中发现的一种野菜，可作军粮，也可作饲料，官兵军马嘴往一处咬，劲往一处使。这听上去有些救兵粮或万能草的味道。其实，洪沟河南岸这样的草木多得去啦，它们与人与牛与羊唇齿相依，以它们的茎叶花果营养着人畜的骨骼。需要特别指出的是，诸葛亮发现的诸葛菜不是二月蓝，而是同属十字花科的芜菁，洪沟河南岸的人喜欢叫它大头菜。春食叶，夏食苔，秋食茎，冬食根，大头菜四时常有，其中尤以柔嫩致密的肉质根为最美味，凉拌热炒蒸煮都很好吃。二月蓝的嫩茎叶可以吃，叶子和大头菜也有些相似。茎株下部的叶子像细长的羽毛，深裂，看上去更像一些搏击风雨的翅膀。上部叶比下部叶细得多，也长得多，有点儿柳叶的样子；不同的是，大头菜的上部叶不分裂，二月蓝上部叶的边缘长了一些小的牙齿。大头菜开鲜黄色的小花，四瓣，二月蓝也是四瓣花。相似的成长经历，相似的面容，二月蓝大头菜宛如情投意合的姐妹，在洪沟河南岸的土地上舞动着它们的蓝手绢黄手绢，绽放着天真活泼的笑容。

二月蓝有诸葛菜这样的称呼，让孩子们感到无比的亲切，犹如几个可爱的邻家女孩乳名都叫了桃花，每当我们轻轻念叨着桃花，许多生动鲜活的面容像桃花一样开满了视野，所有关于幸福的美妙感受以及一切令人欢悦的美好物事都在我们这里出现了。更叫人无比高兴的是，这种土生土长的野草不仅是秀丽可人的曼妙之花，而且是清爽可口的美味时蔬。

二月蓝的嫩茎叶当然是美味。采摘了，清水浸泡一会儿，然后用热水焯烫一下，再过一遍冷水，加入细盐、陈醋、香油调匀，即可食用。可是，二月蓝的花儿太美太可爱了。每一棵二月蓝都是春天的模样、欢乐的模样，青绿的叶子捧着紫蓝的花朵，宛如蝴蝶翩翩过草丛。大片大片的二月蓝，花团锦簇，蜂飞蝶舞，这情这景，让孩子们的心花开得比鲜花还要大，还要灿烂。有嘴馋的孩子，小心地采些嫩叶叶，

留下它的茎继续生长，开花，有二月蓝的花开着，就是一个活泼鲜亮的春天。谁愿意毁掉一个花园呢？热爱一草一木的孩子，都有一颗温和善良的心。

二月蓝无忧无虑地开着，开到暮春也没有一丝褶皱。它的上部叶越长越窄，越长越长，像初夏的细细长长的阳光的丝线，呵护着花朵，守候着果实，洪沟河南岸就这样迎来了它的碧绿繁茂的夏天。

辑二

暑花快风

金银花

金银花就是忍冬。忍冬这名字文绉绉的，书卷味很浓，是金银花的学名。金银花，听着很亲切，也很温馨。看着呢？初开的金银花洁白无瑕，像邻家女孩一般好看，看了一天，又看了一天，它的花朵就有了一些美妙的变化，变得金黄了，灿烂了，仿佛女孩卷曲的发丝被阳光镀上了一层金色，光彩迷人，教人看了一眼，又看了一眼。金银花是洪沟河南岸花草树木中越看越好看的植物之一。

故乡有河流叫洪沟河。清澈的河水像一条柔软绵长的丝带，缠绕在花花树树的根部，使所有的植物优美灵动，神采飞扬。洪沟河就是这样一条丝带啊，在月夜里它洁白柔和，阳光下金光闪闪，它把冬天的枯枝败叶舞成春日的花团锦簇。有这样一条美丽的河，真好。水花有多灿烂多妖娆，看看枝头上的绽放就知道了；春花有多娇艳，夏花有多绚烂，看看河里的倒影就知道了。如小星星一般洁白的荠菜花，撑着金黄色花雨伞的苦菜花，香气浓郁却又几乎看不见的香草花，集聚朝阳的绯红和河水的灵秀的荷花。水仙、蜡梅、桃花、槐花、喇叭花、迎春花、夹竹桃、紫花地丁等花，春夏秋冬交替诉说着流水的欢乐和日月的深情。其中最灿烂、最像浪花一般美丽者，当推噘着小嘴唇向蓝天撒娇的金银花。

金银花开在春末夏初。先是叶腋间生出一些绿白的花苞，花苞由两片对生的叶子围护着，看上去宛如可爱的小手捧着莹白的晨露。奇异的是，这些美丽的露珠凝而不飞，见风就长，慢慢地，长成一些上粗下细的棒状的花蕾，清香阵阵。花蕾由绿变白，下部留存些许青绿

的时候，青葱嫩白，犹如豆蔻生梢头，芙蓉出清水，十分娇嫩动人。和两片对生叶相呼应的是，一个叶腋中探出两个细长的花蕾，花蕾未绽时如紫燕双飞；等到上部膨大，两瓣温柔的唇形花悄然绽放，望之如鸳鸯对舞，鸾凤和鸣。当我们陶醉于童年的欢乐或者爱情的幸福时，金银花欢乐的表情就会成为我们的表情，它在风中的舞蹈是我们对这个世界的愉悦表达。

初开的金银花是白色的，仿佛少女的面容，清纯无邪。也就一两天的工夫，金银花长成一个待嫁的新娘，金灿灿的嫁衣，炫耀着太阳对它的恩宠。与许多灿烂盛放的花儿不同，黄色的金银花香气渐渐散失，仿佛青春期那些微小的欢乐和浅落的不快像花瓣一样优雅地舒展，即使舌状下唇花的顶端向后翻转，也不带一丝褶皱，坦然自若。这很像性情随和温顺的女子，割草浇麦，择菜洗衣，她的香气已与四围的空气融为一体，清洁着我们的呼吸。

金银花的花期七天左右。这段时间内，单朵花的花蕾、银花、金花交替出现，迟开的银花与早醒的金花相映生辉，像节庆的焰火，又像围桌而坐的一家三代人或清澈或爽朗的笑声，形成我们视野中美丽迷人的风景。尤其是晨曦初现之时，金银花无一例外地挑着一颗硕大晶莹的露珠，洪沟河南岸金光闪闪，清香阵阵，山坡灌丛疏林堤坝全都涌动着青春与欢乐的色彩。

金银花可入药，可作茶饮。在沸水的热情相拥下，金银花茶甘醇鲜美，散发着年轻而芬芳的气息，更能满足人们精雅的需要。在金银花吐蕾舒瓣的那些日子里，我们村的孩子都起得特别早。多是女孩子挎着篼子去摘，后来也有不少男孩加入这一场芬芳之旅。篼子以坚韧柔软的白柳条编成，两头微微上翘，形似元宝，白润光亮，多用于盛放馒头鸡蛋米面猪肉等珍贵食材。我们村的人都喜欢用篼子盛了油条饼干等礼品，风风光光地走亲戚。一群挎篼子的孩子，雀鸟一般飞出自家的屋檐，路过一片高举青绿色穗头的麦田，又路过一片麦田，兴致勃勃地奔向洪沟河南岸，奔向鲜花和大地的节日。麦子开花，金银花开花，大地身着节日的盛装，心花开得很大很大的孩子们喜气洋洋，蝴蝶蜜蜂们也加入了他们的队伍。

由于采摘的是即将开放的花蕾和初开的银花，首先要赶早，赶在上午九点以前，露珠蛋蛋还没有被太阳赶跑，还要赶在其他人的前面。如果误了时间，银花转黄，或者好花被人采了，只能眼睁睁地看着太阳慢悠悠地从东头逛到西头，期待明天早晨的到来。其次，采摘时孩子们大都异常的小心慎重。女孩子从篼子里取出干净的手套戴上。有的男孩子跑到洪沟河边用细沙或黄泥揉搓了双手，又用河水冲洗了，饶是如此，也不要碰触花蕾和花瓣，须小心地捏住花序的基部，轻采轻放，不要用手捋掐紧压。宛若至清至洁、至情至性的女子，金银花容不得至微至小的污垢。

金银花的成长过程有清蕾、绿白、大白针、银花、金花五个阶段。大白针，即饱满成熟的花蕾，它膨大的上部宛如在牛乳中洗过，洁白温润；基部一抹鲜亮动人的青绿色。此时，花的香气最浓，晒干后或黄白或绿白，皆保持原有花色。然而，这香气像水一样柔和，也像玻璃一样易碎。其实，世间美丽的花朵大都有一颗玻璃心，我们稍有不慎，它会以决然的碎裂扎到我们的痛点。金银花不能接触出汗的手，也不能沾染衣物，盛放金银花的器具以条编或竹编的篮子篼子为最佳，以防受热生潮。端庄而温柔的金银花在离开枝头之后，把香气视为内心的珍宝，宁可花朵变黑，香气尽失，也不苟且于不洁之地。

洪沟河南岸的孩子是懂得金银花的。他们小心地躲闪着幼蕾和金花，细心地把采来的花儿摊开在篼子里。于是，每一个篼子都变成一个硕大的花束，辉映着太阳的金光。当这些篼子分散到村庄的各个家庭，整个村庄俨然成了一个美丽的大花篮，被太阳照看着，被月亮照看着，也被众多的孩子照看着。

石榴花

在古人那里，一年的十二个月不是枯燥乏味的数字月份，它们有众多美妙的名字。其中，最华美最斑斓最有空间感的是以花的名字命名的月份。二月为杏月，三月是桃月，四月叫槐月，五月称榴月。在二、三、四、五这几个月荡漾的色彩中，二月杏花开放，一树树杏花犹如红色的火把熊熊燃烧，烧热了天空，烧热了春天，杏花飘落时转为雪白，白色的火焰烤得大地暖暖和和的，烤得千花百卉春心萌动脸颊发烫，迫不及待地打开它们的花苞，以桃花最为汹涌，一枝枝一树树的桃花像一团团红彤彤的火焰，开得肆无忌惮，开得叫人头晕目眩。蝴蝶也在开放，翩然开放的二瓣花，许多的二瓣花把河流和山川联结在一起，把孩童和昆虫联结在一起。蝴蝶是会飞的花。众多的蝴蝶重叠悬垂，花团锦簇，如此华丽的盛景在四月的槐树上张扬着。四月和五月掌管时令的是两位美丽的花神：槐花和榴花。这两位花神，一位沐浴着皎洁的白月光，淡雅脱俗；另一位穿着火红的石榴裙，裙裾起，金丝银线闪闪发光，万绿丛中，榴花是五月盛装出嫁的新娘。

明代文人程羽文在他的《花月令》中列举了每一个月份诞生的三五种鲜活而芬芳的花儿，记录它们一年中最为精彩的时间段落。比如环绕着六月的农舍大公鸡一般高耸着火红鸡冠喔喔叫的鸡冠花，比如七月的夏夜被迷蒙月色和清爽露珠浸润着的紫薇花。他描述的五月有色彩，也有香味："榴花照眼，萱北乡，夜合始交，薝葍有香，锦葵开，山丹赪。"榴花照眼，大地上新的光出现了。这是一种来自植物内部的光芒。和日升月落一样，石榴花开放，有着清晰的时间刻度和美丽的季节表情。《花月令》里的薝葍即栀子。原产中国的栀子和西域的薝葍均花香浓郁，且花形相似，古时常常相混。茜草科植物栀子开白花，木兰科乔木薝葍开黄花，薝葍即今天的黄兰。古人称栀子为"禅友"和"禅客"，亦是误把薝葍作栀子的缘故。黄兰花开初夏，它的香气里飘着一股甜甜的味儿。

宋人杨万里《初夏即事十二解》："却是石榴知立夏，年年此日一花开。"旧时，立夏是一个盛大的节日。石榴花是自然世界为立夏燃放的节日焰火，也开启了夏花的绚烂之门。开在庭院里的金黄的萱草花，新鲜得如同清晨的阳光，其实，它生在墙角长在沟畔，都茂盛着浓浓的乡愁。东街的夜合和西巷的栀子犹如两位漂亮而勤快的姑娘，一个开白色的球状小花；另一个也开白花，六枚花瓣托着一个碟状的花冠，殷勤地为夏日村庄送上馥郁的芳香。夜合花也是香的。夜合的香栀子的香像蜜蜂一样嗡嗡飞着，飞到村外的锦葵上，飞到河畔的山丹上。锦葵开花了，山丹开花了，一个紫红，一个鲜红，深情呼应着石榴花的深红。

请不要以为我在复述古人的五月花事，我说我在许多的村庄看见了和古代一样的初夏景象。这是植物的胜利。千百年来，这些花儿依旧天真而执拗地生长着，不曾给自己的花朵添一丝褶皱，亦未减一缕香气，比老街古楼更能负载我们的历史记忆。老街被粉刷，古楼被棚改，唯有植物原在着。而且，它们按照自然的秩序由花而果，并提醒我们遵从自然四季的节奏。“花木管时令，鸟鸣报农时”，花鸟草虫的提醒是从容的，守时的，决不像演说家那样需要山呼海应一般的广场效应。作为立夏节气的时令之花，石榴花是远离喧嚣、拒绝合唱的一种花。春天的花节特别多，杏花节、桃花节、樱花节、梨花节、槐花节、油菜花节、杜鹃花节，还有苹果花节。这些花儿的节日，宛若瘦瘦的黑色枝条上的许多饱满艳丽的花瓣，当最后一个花瓣凋零，蜜蜂蝴蝶们也不见了，仿佛春节过后空了的村庄，寂静而落寞。犹如天空中一声清亮亮的鸟鸣，又如突然点燃的一盏盏红色的街灯，一朵一朵，一树一树，在微风拂过的一瞬，在密不透风的绿里，石榴花忽然打开了。

在石榴花开放以前，一定有什么为我们所不易察觉的。譬如，一只蝴蝶累倒在自己的飞翔里；狗狗抬起一条后腿，在石榴的树干上撒了一泡臊臊的尿，接着，颠儿着屁股跑了；石榴的花苞被风儿推搡着，推到阳光下倏忽一闪，又躲到枝叶里去了。初绽的花苞像耳坠，玲珑润泽，颜色淡红带绿，慢慢地膨胀成一只大红色的小口袋，圆润饱满。口袋里装了什么？是清风鸟鸣天光云影，还是根和绿叶的深情？终于，小口袋裂开了口，爆出了绝美的花瓣。

花是红色的，鲜丽的石榴红，花朵向上的宛如燃烧的火把，向下的酷似悬挂着的小铃铛。仔细看，六个花瓣优雅地向外伸展（石榴花也有五瓣花和七瓣花），像一双好看的手捧着金黄的花蕊和新鲜的阳光，而钟形的六裂的花萼又捧着花瓣花蕊。这是单瓣花，简单却不孤单，和和美美的一朵花。重瓣花更为漂亮，花瓣层层叠叠，外瓣大，内瓣小，外瓣奔放地向外打开，内瓣含蓄地稍稍内收，紧中有疏，非常的雅致精妙。这些花朵无拘无束无惧无畏地红着，绿叶白云都被照亮了。

一定有所不同的，在石榴花开放以后。从春天到夏天有一个辽阔的地带，如同麦田到粮仓之间的打麦场，平坦瓷实，为一年一度的立夏植物仪式准备现场。一朵石榴花“叭”地一声开放了。又一朵石榴花在人们的惊叫中，“叭”地一声开放了。越来越多的石榴花在开放，开在人们的心尖尖上，开成很大很大的心花。就在这一朵朵一声声的开放中，风儿变暖了，空气变香了，人的身体变轻了。石榴花照耀着的树啊桥啊水啊，也明亮了许多。我并没有升华石榴花的神奇，我只是记述着这种花对于人们礼敬大自然的唤醒和推动。花开有序，风不误信。大自然用石榴花的红坚定地告诉我们，夏天如期而至，它盛大开阔，生机勃勃，足以承载人们的信任和梦想。

四时各有其色。春天草木生，为青；盛夏绿荫浓，盛德在火；秋季天朗气清，曰白；冬日万物寂静，归于黑。石榴花是夏天里的第一把火，熊熊火焰显示着大自然的伟力。“五月榴花红胜火”，关于石榴花的比喻有很多，譬如红珊瑚红宝石，最为常见的是火，山洞的火焰，灶膛的火焰，内心的火焰。同样说榴花似火，杜牧的《山石榴》写得尤为新奇而别致：“似火山榴映小山，繁中能薄艳中闲。一朵佳人玉钗上，只疑烧却翠云鬟。”山榴映小山，红花映玉钗。插到美人头上的石榴花太红艳了，它会烧坏美人的秀发吗？

旧时端午，女孩佩戴红红的石榴花，人面榴花相映红，叫人越看越想看；有的女孩还用石榴花染了指甲，妖娆而性感。“榴花三日迎端午，蕉叶千春纪诞辰”（范成大《鹧鸪天》），艾草榴花均可辟邪驱瘟，艾草插于门楣，榴花佩于发饰，端午生活如此有仪式感，寻常花草如此深受古人尊崇，可以想见，《山石榴》一诗的问世，除了诗人的诗心妙笔，更有民间视植物为圣物的社会背景。

栀子花

在小城读师范的最后一年，我不可救药地喜欢上了一个女生。小城是一个塞满高楼、汽笛、霓虹和喇叭裤的县城，叫它小城，觉得它像小草小花小树一样，有着旺盛的生命力，对陌生的崭新的领域有一些莽撞的激情和浪漫的举动。

我应该如何表白我的爱。这，成了我许多个夜晚甜蜜的煎熬。

恋爱如同作文。譬如《诗经》，触目芳草萋萋，入耳鸟鸣嘤嘤，皆是自然世界的华美段落。以花喻美人，借花传情愫。我一直觉得，这世间唯美浪漫的爱情在《诗经》里，也在我对未来生活的百般憧憬千种幻想里。我承认，我的求爱之路平实而遥远，它的确像一部长篇小说，譬如《红楼梦》，在赏花斗草饮酒赋诗之类的细节描述中，回环曲折地抵达着小说的主题。女生喜欢画一些花花草草。作为宣传委员的我，与她碰撞的机会多多，我选择了共同办板报。春天，我抄崔护的《题都城南庄》，她画桃花掩映的柴扉和少女。夏天，我抄席慕蓉的诗歌："如果能在开满了栀子花的山坡上 / 与你相遇 / 如果能 / 深深地爱过一次再别离。"一笔一画，一字一句，这样的瞬间妙不可言。每一个笔画像清新的枝叶，一枝一叶细心缜密地铺一条花朵的道路，当花朵们噼噼啪啪地打开，爆米花一样爆出许多洁白的花瓣，香气也越来越拥挤，拥挤得搁不下蜜蜂的翅膀，拥挤得叫人心慌胸闷。

如果用花朵去定义爱情，有玫瑰、百合、铃兰、雏菊、薰衣草、桔梗花、郁金香、满天星等许多种，但在我，这种花是栀子。和许多美丽的花朵一样，栀子花太像青春少女的姿容。明代画师陈淳有诗云："竹篱新结度浓香，香处盈盈雪色妆。"渐进村庄时，像人世间许多美好的奇遇，一树栀子花从竹篱边闪了出来，满树的叶犹如鲜绿的裙裾，烘托着花的高洁恬淡的气质，让人觉得花非花，而是一个略施薄粉淡扫蛾眉的乡间女子，莲步款款，香气盈盈。这样的遇见有些像爱情，先是喜欢栀子绿叶白花的小清新，继而被它的娇香迷醉，恨不得钻进甜蜜的花蕊里，窒息而死。

栀子花也叫同心花。较之相遇一瞬的轰然的狂喜，我们更热爱在日常的锅碗瓢盆碰撞的"咣当"声里的同飞和鸣。"同心"一说，始于南朝梁代女诗人刘令娴的《摘同心栀子赠谢娘因附此诗》："两叶虽为赠，交情永未因。同心何处恨，栀子最关人。"唐人接续了栀子同心这一抒情传统："色疑琼树倚，香似玉京来。且赏同心处，那忧别叶催。"（刘禹锡《和令狐相公咏栀子花》）宋词里有一句流传甚广的爱情绝唱："与我同心栀子，报君百结丁香。"（赵彦端《清平乐》）

栀子是一个英俊果敢的男子。丁香呢？一个娇羞柔弱忧郁多情的女子。在青春激荡芳香飘荡的夏天，丁香和栀子一见钟情。散发着幽幽紫气淡淡清香的丁香细丝细嗓地说着：若君执我之手同心到老，我愿为君生儿育女，共度好时光。

丁香，又名百结花。宋词里的丁香是添丁续香之意。这，与“青鸟不传云外信，丁香空结雨中愁”的中国抒情传统是一致的。丁香是文人示爱言愁的载体，丁香的形态特征和生长习性给忽略甚至遮蔽了。几乎所有的花开的时候都在笑，粲然地笑，或者娇羞地笑。丁香紫花纷繁，芳香浓郁，花枝都在一串串笑声里轻颤，哪有愁思百结的样子？栀子何谓同心？一说为花儿并蒂同心。“六出吐奇葩，风清香自远”，自然世界的六瓣花不多见，栀子花是，迎春花、水仙花、百合花也是。栀子的花蒂有两厘米那么长，细长的花蒂擎举着白嫩肥硕的花，植物书上称之为“高脚碟状”。《史记·货殖列传》：“若千亩卮茜，千畦姜韭：此其人皆与千户侯等。”“卮”即栀子，其花形如酒卮，后

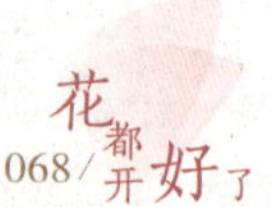

加木作栀。花儿与枝茎的通道是花蒂，这一构造在花儿的世界最为常见。一蒂双花，如莲花、忍冬；一蒂三花，如一品莲。它们才配并蒂同心。一说为栀子结子同心。栀子果和灯笼草的果形状颇有些相似，长圆形，有纵棱，一些近圆形而稍有棱角的种子像一群怕冻的孩童，蜷缩在橙红色的果衣里。栀子果是中药，也是染料，在《史记》等汉代典籍里频频出现的“染园”，即栀茜园，茜草科的栀子和茜草在园中芬芳飘荡，栀子果染其黄、茜草根染其绯的袍服富丽堂皇。若说种子同心，这样的植物果实品种犹如恒河沙数。丁香被愁思百结的文人主观地圈定为幽怨之花。栀子亦被置于“执子之手，与子偕老”这个框格里，用“执子”格了一下物，栀子就成了同心花，于花无关，与果无关。

有一朵栀子花的名字叫席慕蓉，“我想要的那种栀子开起花来像大朵的玫瑰一样，重瓣的花朵圆润洁白地舒展着，整株开满的时候，你根本不可能从花前走开”。这是席慕蓉所追求的青春和爱情。花要大，与盛大的青春争奇斗艳；香要浓，要香得劈头盖脸，一如爱情的狂热奔放。在席慕蓉的青春辞典里，每一朵花只能开一次，没有一朵花是开错的；而配得上无怨的青春的是满月，是尘缘，是花瓣层叠厚实的重瓣花。

栀子有单瓣栀子和复瓣栀子。单瓣栀子多为野生花，只有六片狭长的花瓣，花药鹅黄，结黄色的果，果实可作药用，又叫药用栀子。古人遇见的多是单瓣栀子：“一花分六出，十叶是重台；玉洁浑无玷，金黄漫夺胎。”山栀子是单瓣花。“栀子比众木，人间诚未多。于身色有用，与道气相和。红取风霜实，青看雨露柯。无情移得汝，贵在映江波。”读杜甫写的山栀子，觉得老夫子真的是一个絮絮叨叨的老人，栀子可染色，可入药，栀子的用途多得去啦。尤为重要的用途是什么？一句“贵在映江波”，表明诗人甘自老于江湖，是清洁精神的捍卫者。重瓣栀子是赏花栀子（偶有结果者也不入药），有水栀子、玉荷花、小叶栀子、大叶栀子等多种。席慕蓉痴痴寻觅的大朵的重瓣栀子，应是玉荷花或大叶栀子，叶阔花大香浓的那种。

谢朓《咏墙北栀子诗》：“有美当阶树，霜露未能移。”在最青春的华年，遇见一个人，或者一朵花，我们的眼睛就会向对方热烈地抛掷音节，渴望合奏，渴望在合奏中迸发自己的声音；而对方的气息宛若一千双温柔的手，热情描画着我们青春的轮廓。大叶栀子，我是遇见的，一如席慕蓉那般深刻的感受，让你不可能从花前走开，今生根本无法将它忘记。大叶栀子的花瓣是四层的，呈螺旋状排列，仿佛青春紧凑的脚步，又如途中层层叠叠的风景。外面的三层花瓣均为六瓣，瓣瓣娇艳，洁白如霜；层层厚实，繁盛若雪。细端详，每一片花瓣均有细细的暗纹，宛若锦缎一般细腻华丽，非巧妇所能为。第四层花瓣只有两片，不如其他花瓣那般饱满舒展，像是青春的小缺憾小忧伤，而这小缺憾小忧伤也是美的。尤为奇妙的是，洁白的花瓣泛着淡淡的黄晕，看上去更像是一场致命的幻觉。淡淡的黄晕，以及浓浓的花香，是花儿的灵魂，我们的青春、幸福和爱都得益于它们的浇灌。

紫薇

生长在极致环境的植物，都美得叫人吃惊，叫人心尖儿发疼。譬如，人们常说的冰山雪莲、滩涂柽柳、绝壁青松。譬如，我遇见的拆迁村碎砖乱石之旁寂静开放的紫薇。

这个郊区的村庄是在一个白天被夷为平地的。没有发生地震。没有爆发山洪。从村南到村北，十几台高大的起重机排成一字长蛇阵，挥舞着巨大的机械臂，凶猛地砸向表情木然的房屋，砸向外墙内墙上飞不动的喜鹊、开不败的梅花。高高的横梁坠落在地，血肉模糊。高高的屋瓦坠落在地，支离破碎。这些昔日的有用之材在脱离母体后沦为一堆堆呛人的建筑垃圾，掩埋了喜鹊的哀鸣、梅花的喘息。

南北主街的行道树紫薇是村庄拆迁的目击者。炊烟折断了。鸡鸣下落不明。房屋倒塌，村民们像一群受惊的麻雀，四散而去，去哪都行，只要离开可怕的故乡。紫薇依旧兀自开着，开着它绯紫的花朵。树越挪窝越难活。紫薇是不愿意拆迁的。当然，紫薇没有话语权，主街也没有。作为宽敞明亮、花香鸟语、日新月异等许多好词的集结地，主街迎接了许多公务车观光车，也承载着更多的起重机挖掘机装载机。

主街无须拆迁，紫薇得以短期生活在自然的节令时序里，一树一树的花犹如紫红色的火焰，肆意地燃烧。花朵开的样子本来就是一种燃烧，桃花榴花菊花梅花等许多的花都是这样。紫薇的花瓣边缘多皱褶儿，看上去就像风中摇曳不定的小火苗，这给很多人造成了一种错

觉，以为紫薇的大花球是由许多细碎的小花密密匝匝地集聚而成。其实，紫薇的花瓣和花蕊是完全分家的，六片花瓣水波一般向外漾开，水波的圆心是三十多枚黄色的花药，其下有花萼护卫，也是六片，三角形。紫薇二十厘米左右的顶生圆锥花序就是由这样三五朵奇特而硕大的花儿组成的。一树花开似火燃，红色的火星子四溅，它们的焰心是十几个或几十个顶着火柴头一般花药的花蕊。

两排紫薇，两排火焰，站成村庄最后的图腾。这是去年九月看见的一幕。如此详尽地描绘紫薇的花朵，仅仅出于一个同样的原因：我的故乡也有丛丛簇簇红红火火的紫薇，它们送我远行，又站在村口，以红花绿叶的方式守候我的归期。

对于我们很多人来说，故乡的春天是桃花流水的妖娆之姿，初夏的明媚在于榴花照眼，而在六、七、八、九这几个月诞生的花儿中，静室的昙花、茉莉和静水的荷花、蓼花，花园里培植的玫瑰、凌霄、桂花、菊花和菜园里培育的南瓜花、丝瓜花、韭菜花，以及道旁的紫薇、木槿、银杏、合欢、牵牛花等，这些柔弱而美丽的花儿把夏秋时节的故乡建造得结实而阔大，其中最华美、最令人惊叹者，是从六月到九月绵延绽放的紫薇。建造故乡的材料，不仅仅是泥土、砖石和树木，还有粮食、节日、风俗、乳名、鲜花、河流、清风明月、鸡鸣犬吠等诸多有益于身心的单纯朴素的东西。

在我的故乡，紫薇是有乳名的植物，很多植物都有一两个飘着乳香味儿泥土味儿的名字。男孩呼紫薇为痒痒花、痒痒树，女孩则叫它害羞树。紫薇树干灰褐色，光滑无皮，筋脉挺露，质地坚硬。轻轻抚摸树干，整棵树就会怕痒似的花枝乱颤，甚至发出“咯咯”的响动，宛若清纯女子掩面而笑，不胜娇羞；又如铁骨柔情的男人，对微风细雨落雪飞花等自然变化异常的敏感。孩子轻轻扣动树干的声音，紫薇美妙的“咯咯”声，这是人与植物的和谐共鸣。人在亲近植物之时，获得植物的深情回应，这是一件多么幸福的事情。由此可知，解读植物世界的密码是轻扣、抚摸等温润柔情的词语，不是攀折、碾压、砍伐等。人与植物共存的世界是和谐而安静的。我们看见的村庄大都这样：远望村庄，树木葱郁，不见人影；村子的人扛着锄头，从紫薇树下轻轻走过；牛在木栅栏后面吃草，木栅栏上爬着几朵紫色的牵牛。人在这样的世界既不凸显又很合群。一切都是安静的。击碎这安静的，不是犬吠声声，不是惊雷震震，而是高扬铁臂的现代化怪兽。

人去村空，植物茂盛。那两排曾经在起重机轰隆隆的嚎叫声和房屋哗啦啦的惨叫声里生存的紫薇，我去看过一次，在今年紫薇初花的六月。一个全新的植物家族已经在这个废弃的村庄繁衍生息。用来编扫帚的扫帚菜、可以润喉解渴的酸模叶蓼、《诗经》里的狗尾草车前草、《创世纪》里的蒺藜薄荷等童年常见的植物宛若风雨故人来，给忧伤的碎砖乱石铺上了一层喜悦的光芒。机灵而顽皮的牵牛给枯枝断木绣上了一朵朵喇叭状的紫色花，让后者和蜂蝶们加入合唱的队伍。如长笛一般的蜀葵自下而上地开放，由低沉到高亢，吟唱着一支比天气更热情比云朵更高远的夏日之歌。我以一树灼灼盛放的紫薇为视觉中心，用手机拍了几张照片，张贴在朋友圈，即刻收获无数赞美。赞美我发现了一个世外桃源，一个流奶与蜜之地。甚至，赞美者在我的帖子下面举办了一场别开生面的紫薇诗会。他们的目光经由诗歌的导航抵达着千年以前的那个秋天，杜牧的秋天："晓迎秋露一枝新，不占园中最上春。桃李无言又何在，向风偏笑艳阳人。"满树繁花也坚定了他们对大自然的信心："似痴如醉丽还佳，露压风欺分外斜。谁道花无红百日，紫薇长放半年花。"在这些诗歌的烘托下，紫薇开得分外妖娆鲜艳。

"紫薇长放半年花"，紫薇六月始花，开谢接续至九月，得名"百日红"，又因花繁红似锦，也叫"满堂红"。从古典诗词可以看出，古文人钟爱秋天迎霜而开的紫薇。这与古文人的境遇和气质有关。他们多为失路之人、他乡之客。内心愁苦而孤傲的他们，寻找精神盟友

的捷径是求诸自然。在他们眼里，霜秋寒冬吐翠摇芳的植物是同一种植物，或是文人的一个遥远的我。

杜牧也不例外。他有愤懑，也有慰藉。杜牧出生世代望族，颖慧过人，然命途多舛，仕途不顺，烈士暮年回到胞衣之地长安，官拜中书舍人，亦称紫薇舍人，于樊川别墅吟诗作文，老有所乐，人称其为“杜紫薇”。宋人贺铸有千古绝唱“试问闲愁都几许？一川烟草，满城风絮，梅子黄时雨”而称“贺梅子”。“杜紫薇”一名与杜牧写紫薇花一诗毫无关系。还是唐朝的紫薇：“紫薇花对紫薇翁，名目虽同貌不同。独占芳菲当夏景，不将颜色托春风。”（白居易《紫薇花》）杜牧的紫薇春尽秋来，花期无多；白居易的紫薇恰逢盛夏，而人生徂秋，两鬓飞雪。一棵紫薇的花期只有四个月，一棵紫薇的树龄长逾千年。面对植物持久的生命和始终的青春，人只有喟然长叹，而后肃然起敬。人的荣辱得失悲欢离合不过是植物一季的花开花落。

其实，“紫薇翁”应写作“紫微翁”，“杜紫薇”为“杜紫微”。紫微是紫微星垣，以北极为中枢，古人视为天帝内院，汉代用以称呼皇宫，唐朝中书省设皇宫内，开元元年改名紫微省，中书令称紫微郎。“职在内庭宫阙下，厅前皆种紫薇花”，与紫微谐音的千屈菜科紫薇属植物紫薇也移植宫廷御苑，营造着一种华丽高贵的氛围。如今，作为景观树，紫薇被广泛种植于道旁河畔园林，以它繁盛的花和高贵的紫表现着大自然的欢乐，为我们的生活注入甜美的气息和芬芳的笑容。

我觉得，吟咏紫薇的诗词中，最出彩的当推杨万里的这首：“晴霞艳艳覆檐牙，绛雪霏霏点砌沙。莫管身非香案吏，也移床对紫薇花。”这首诗既不托物言志，也不借物喻人。诗人视紫薇为生命场的中心、人类生活的引领者，人应该像粉蝶那样围绕紫薇展开生活的花瓣。这种与众不同的自然观，在古人那里并不多见。诗人喜欢花开如晴霞艳艳，更喜欢花落如绛雪霏霏。听从自然的指引，悦享花开花落等华美的生命段落，这与以我为主、移情于物的那些古文人不同。紫薇是诗人视界的中心，倘若稍稍偏离，宁可移动自己或坐榻之类的东西，也绝不挪动那棵绝美的紫薇。

想起拆迁村那些四散而去的居民，他们要挪动多少个梦，要在梦里挪动多久，才能回到红红火火的紫薇树下生儿育女、割草喂马？

茉莉

南宋诗人刘克庄写道："一卉能熏一室香，炎天犹觉玉肌凉。野人不敢烦天女，自折琼枝置枕旁。"小巧的茉莉犹如雪花，南宋诗人许棐也是茉莉的忠实拥趸："荔枝乡里玲珑雪，来助长安一夏凉。情味于人最浓处，梦回犹觉鬓边香。"

炎夏季节，茉莉的清香可以驱除溽热。宋人周密《乾淳岁时记》记载了朝廷纳凉之妙方："置茉莉、素馨等南花数百盆，于广庭鼓以风轮，清芬满殿。"静洁清幽的花香像一阵好风，拂过耳梢，擦过鼻尖，在肌肤上流成一条清清凉凉的河。这个“凉”真是贴心贴肺。香气是花儿最大的花瓣，是空气里的宝石，类似国画的境外之境，或者古诗的弦外之意。花无香，等同于河流没有浪花，少了许多趣味和意蕴。可视的琼枝置于枕旁，由可嗅的清转为可触的凉，人与花儿已没了界限。或者说，人扔掉负累和杂念，成为一根嫁接了茉莉的枝条，身心俱静，芳香自持。

茉莉香气纯正而清和，可熏茶，可入药，可提取香精，均为上品，有“人间第一香”的美誉。茉莉的诸般好为众人所熟悉，其倔强而坚韧的个性却鲜为人知。茉莉拒绝模仿，它的香味无法用其他气味人工合成。香水王国的殿堂级品牌“晨曦茉莉”系用素馨和双瓣茉莉蒸馏而成，素馨浓郁清冽的冷香与双瓣茉莉清新绵柔的甜香糅为一体，生成一种无法抗拒的动人香调。《金瓶梅》里的茉莉香皂，用捣烂的茉莉或茉莉花露调配而成，浴身净面，香气经日不散。汉人陆贾《南越行记》里有这样的记载：“南越之境，五谷无味，百花不香。二花特芳香者，缘自胡国移至，不随水土而变。”南越即中国岭南地区及今越南北部。二花是木犀科素馨属的一对姐妹花：茉莉和素馨。素馨枝条柔长垂坠，花苞如针状；茉莉枝条刚劲挺立，朵朵似圆珠。茉莉素馨太香了，犹如江湖女侠的两只粉拳，打得中原人晕头转向，软绵绵地瘫倒在一片花香里：化外之地竟有如此肆无忌惮的香花植物！

岭南自古为植物王国，到处是原始森林，不可能没有香花香草。所谓五谷无味百花不香，这与强大的汉文化有关。彼时，汉文化视岭南为不毛之地、蛮夷之邦，并未从植物的色香味形和人们的饮食起居去认识岭南。中原人主观认定，汉文明未覆盖的地方，五谷百花都发育不良。大外交家陆贾从汉文明中寻章摘句，降服南越武王向大汉帝国称臣，可是，他的眼睛鼻子乃至整个人成了茉莉素馨的俘虏。

花的香型大致有清香、粉香、甜香、淡香、浓香、醇香、幽香等许多种。也有许多花的香特别有个性，栀子香得发臭，姜花香中带辣。

茉莉是清香型的花。若以女子形容，茉莉是在水一方的伊人，如西子湖畔的茶花女苏小小，如呼兰河畔的文学洛神萧红，清风徐来，清香四溢，清澈入骨，仿佛要把人润成透明的一滴；芳香入心，人成了一个香囊，笑容都是香的。仔细嗅，茉莉的香有一股静味儿，静中生凉，有些荷花的韵致，这荷花是沐着月光浴着清水的那种。

从《南越行记》《乾淳岁时记》等古代笔记中可以看出，人们喜欢茉莉的主因是它散发的芳香，一种让人迷醉又清醒的芳香，迷醉的是嗅觉，清醒的是心智。古代女子用细铅丝把茉莉串成花环，挂在衣襟上，簪在发髻上，走一路，香一路，倘若在街角停下来，“花向美人头上开”，美色荡漾，芳香四溢，街角新建了一处空中花园。花开花落终短暂。把缥缈的香气凝固了，糅合攒聚成一个活色生香的当下，让我们常驻香花王国，缓慢而优雅地享受花儿的芬芳，蒸馏香水是一

种，窨制花茶是一种。

茉莉花茶，一个偏正式短语，新鲜茉莉和茶树嫩芽（一芽一叶亦可）的相融共生。窨制茉莉花茶是把鲜花和新芽拌和在一起，让茉莉深情款款地献出它深藏花心的珠宝。茶芽像个清雅俊秀的小伙儿，张开青春的臂膀，热切期待茉莉女神的青睐。事实上，茉莉一直是美丽世界的缔造者。制作花香型香水的主要鲜花来源，一是玫瑰，二是茉莉。相比性情温和的玫瑰，茉莉很能忍受沸水的折磨或烈火的酷刑，在它参与的窨制花茶这一芬芳事业中，彰显着手工时代的诗意之美，以及茶人对茉莉个性的尊重和解读。

在茉莉花开的六月，田野成了一个巨大的花篮，银光闪烁，芬芳飘荡。采摘茉莉多为鲜花初绽的下午，女子们把鲜花装进通风透气的竹编箩筐里，顶在头上，运回村庄。女子的俏脸宛若更大的花瓣开在箩筐下面，开在乡间小路上。就像等待一种天作之合的爱情，等在窨花场上的新茶周身散发着年轻而芬芳的气息。鲜花和新茶的拼和窨制是一场缓慢而深沉的感情交流。先在窨花场上铺一层一柞厚的绿茶茶胚，然后在上面均匀地撒满洁白的茉莉。这样一层绿一层白地堆成三五层的芳香堆，复以铁耙从横断面由上至下扒开，拌和，再堆成长方形的块窨，其上散布一层薄薄的茶胚，给绿茶白花们罩上一件美美的绿衫。茉莉冷冰冰的，犹如美丽孤傲的公主，执拗地保守着内心的隐秘。聪慧而又耐心的茶人别出心裁地在块窨里加入新鲜玉兰，提高花茶的鲜灵度，这叫“提花”。提取茉莉香水的化学方法充斥着威逼利诱，严刑拷打，尽是寡廉鲜耻的行为。化学是扼杀诗意的凶手。花茶窨制是在自然的作用下，譬如温度、水分、氧气，茉莉的芳香徐徐沁入绿茶的芽叶。相爱的人们极力模仿着这一过程，以期鲜爽甘醇的爱情长久地滋润他们的生命。

“我给您沏的这一壶茉莉香片，也许是太苦了一点。我将要说给您听的一段香港传奇，恐怕也是一样的苦。”这是传奇才女张爱玲《茉莉香片》的开头，一种苦涩而伤感的味道。茉莉香片即为茉莉花茶。古时制作茉莉香片，摘取半含半放之单瓣茉莉，和新茶携手步入精美的瓷罐的婚房，在文火含光默默温温不绝的慢煮中抵达爱情的巅峰。爱情应该是什么模样？人类一直在不停地表演爱情，用甜蜜的笑容和亲昵的动作。其实，花与茶早就建造了爱情的伊甸园，并以神奇的香气修订和丰富着我们对于爱情的美妙感受。在这场唯美浪漫的爱情中，最感人之处是闻香不见花。新茶尽情地吸收了花香之后，形容憔悴的茉莉所做出的抉择是离开朝夕相处的新茶，坦然地直面衰亡。这是茉莉的智慧和追求。倘若认真观察植物，我们就会发现，植物从来不缺乏奉献精神。“花朵以芬芳熏香了空气，但它的最终任务，是把自己献给你”，泰戈尔温和地告诉新茶，告诉受恩于植物的我们。

茉莉是精神，新茶是肉身。浸润了花香的新茶，观其汤嫩黄清浅，如柳芽初绽；嗅其香清雅馥郁。张爱玲沏的茉莉香片是苦的，大概是香片放得多，如同她青春的花瓣投放于苍凉的人间，清雅、华丽和悲苦调和出一种余味苦涩、终有回甘的味道。

我觉得，北方人大都有这样的经历：未见茉莉，先品其香。记得，我小时候赶要集，凑热闹，瞧新鲜，父亲常常让我帮他买茶，那时集市常见的茶有茉莉和珠兰两种。茉莉、珠兰，就像称呼孩子的乳名，乡下人这样亲昵地叫着花茶的名字。茉莉淡雅素净，珠兰香远益清，两种南国香花先是在我们的味蕾上吐蕾舒瓣，然后成为盆栽植物，进入庭院园林，用它们的芳香丰富着我们的嗅觉世界。

读明人徐石麒的《茉莉》，尤能领略茉莉排山倒海艳压群芳的气势："佳人自南国，绝世号倾城。色入三江重，香含百越清。"茉莉聚伞花序，顶生花三五朵，花的样子有些像荷花。单朵的茉莉很小，比一分硬币还要小。"刻玉雕琼作小葩"，这小的花却内蕴着百越之地的全部清香，满满当当地拥塞了整个三江流域，恍若碧澄的夜空星光闪耀，又如绿色的海面银帆悠然。这端庄盛大的美犹如一条宽阔的大河，它的源头是不堪盈手握的小小茉莉。在我们这个世界，小我最大，小我存在于世界的开端。譬如茉莉，无论尖头的单瓣茉莉、平头的双瓣茉莉，还是覆瓦状的多瓣茉莉，都是倾国倾城的绝世佳人，人类通过它们意识到美和博爱，并且，乐于在它们创造的芬芳空气里塑造幸福甜蜜的模样。

玫瑰

有一种葡萄的名字叫玫瑰香，颜色黑紫，看上去忧郁而高贵，入口肉软汁甜，每一颗都能吃出玫瑰的香味。

我们朱耿村的人把香味等同于天堂的气味，虔诚地热爱着含有香味的物品。热油起锅、下葱花姜末爆香，然后加入芹菜黄瓜之类爆炒，这是朱耿人用香味美化生活的一个典型细节，也是鲁菜的一大特色。祭祀则用大鱼大肉。大鱼大肉冲劲儿十足，风扯不断，云遮不住，香味儿飘上天，被神悦纳，人也欢欣。在我们村，大葱也叫香葱，蘑菇

也叫香菇，芫荽也叫香菜；芬呀芳呀香呀花呀，女人的名字都飘着香味儿。村里村外，香葱香芋香菜香椿以及众多的香花旺盛生长，芬芳

飘荡。深绿的村庄，金黄的庄稼，鲜红的水果，大道小河好似铺上了一层香气的地毯，对着阳光咬一口，都是香喷喷的。

树青在他家的屋后种了一片玫瑰，也种了一片葡萄。确切地说，葡萄园的篱障是玫瑰。玫瑰花开的时候是玫瑰园，葡萄挂果的时候是葡萄园。朱耿人有在庭院里栽培月季的传统。月季的叶深绿、光滑，枝上无刺或有少量短粗的钩状皮刺，开花多为重瓣，一年可开多次，又叫“月月红”“四季花”。犹如灶膛里红色的焰火，月季激活了粗糙农事的香味。树青是朱耿村第一个栽种玫瑰的人。最初，人们以为是月季，慢慢地，发现了玫瑰的与众不同。玫瑰多刺，针状的细硬刺。叶子椭圆形，浅绿，叶脉凹陷，有褶皱，看上去有些小沧桑。“我的爱人就像一朵红红的玫瑰，那六月里新绽的蓓蕾”（罗伯特·彭斯《红红的红玫瑰》），玫瑰只在夏天绽放，花形比月季小得多，也香得多。当玫瑰点燃了朱耿村沉寂的土地，并从月季的芳香中突围而出时，朱耿人对香气有了崭新的认知。

一方水土孕育一方花果。葡萄的玫瑰香显然得益于土壤、气候和空气不舍昼夜的影响，以及果农的珍重和爱护。树青的玫瑰园在村后的田野，有半亩多，原先是玉米地。高中毕业的树青从父亲那里要了这块地。树青的家境并不宽裕。谷贱伤农。改种经济作物葡萄，是树青返乡想淘的第一桶金。他栽培玫瑰，想以此表达他对农耕生活的浪漫想象，呈现大自然蓬蓬勃勃的生命力。他用葡萄和玫瑰描画着新的农村版图，如同凡·高，用向日葵和玫瑰表述他内心的激情和对自然的青睐。

秋玉米回家的次年早春，树青在地的四围扦插了一圈玫瑰枝。花枝是越冬前树青在他处剪的，在南墙根儿玉米秸遮护的沙坑里度过了一个暖和和的冬天。这一圈玫瑰把葡萄园变成刺园，挡了小鸡小鸭的腿儿。尤为实用的玫瑰是葡萄生长的领路者。娇嫩的玫瑰对白粉十分敏感。玫瑰一旦有白粉出现，就必须给葡萄喷洒用生石灰、硫磺和水熬制的石硫合剂了。玫瑰还可预测灰霉病和烂根病的发生。灰霉病和烂根病是葡萄健康生长的大敌。

明末太仓诗人王世懋在他的《学圃余疏》这样写道："玫瑰非奇卉也，然色媚而香，甚旖旎，可食可佩，园林中宜多种。"在诗人眼中，玫瑰有些实际的用途，但不是奇花。和他同时代的作家文震亨更像一个絮絮叨叨的老妈，告诉我们如何对待玫瑰："嫩条丛刺，不甚雅观，花色亦微俗，宜充食品，不宜簪带。"（《长物志》）

玫瑰多刺，更多旖旎。让玫瑰成为护园使者（玫瑰的呵护是多方面的），是树青科技种田的一种尝试，也是他稼穑之路几多汗水几多旖旎的一个隐喻。村庄以北多了一种花这一现象，看起来微不足道，它从未出现又似曾相识。然而，毋庸置疑的是，玫瑰成了芬芳村庄的一个香味之源。或者说，一个人的玫瑰园成了整个村的后花园。

南宋人称玫瑰为"徘徊花"，说的是玫瑰混合少量麝香、龙脑做成的玫瑰香囊芳香扑鼻，众人徘徊流连，沉醉其间。朱耿人同样徘徊在玫瑰园边。在人们看来，玫瑰园是一个巨大的香囊，糅合了庄稼的芳香、炊烟的芳香和鸡鸣的芳香。陈道复《玫瑰》："色与香同赋，江乡种亦稀。邻家走儿女，错认是蔷薇。"蔷薇科家族美丽三姐妹蔷薇、月季、玫瑰有诸多相似之处。玫瑰有着馥郁的香气，这是它和蔷薇、月季的显著区别。"清而不浊，和而不猛，柔肝醒胃，流气活血"，民国大医张山雷在他的《本草正义》中数说着玫瑰香气的诸般好之后，转入由衷的赞美："芳香诸品，殆无其匹。"

莎士比亚独爱玫瑰，他的十四行诗集反复述说着的也就是一句话："玫瑰是美的，但更美的是它包含的香味。"玫瑰之香浓郁似麝，芳香绕梁，三日不绝。古文人所用麝墨即是在上等墨料中加了少许麝香，尺幅之地，清幽之香氤氲其上，挥毫如吐蕾，落笔若舒瓣。鹿门先生唐彦谦作诗用事精巧，对偶亲切，他为玫瑰写下了绝美的二十个字："麝炷腾清燎，鲛纱覆绿蒙。宫妆临晓日，锦缎落东风。"枝枝挺立的玫瑰是什么？是麝香制成的香灶，轻烟缕缕，清香阵阵。站在轻烟薄雾中的玫瑰，俨然身披鲛纱的仙子，丽影婀娜，芳容初现。

盛放，艳若晓日宫妆；飘零，美如锦缎随风。有盛放，就有凋零。在爱花人眼里，花儿的凋零，是二度盛开，华美依然，富丽不改。

在村北玫瑰园边徘徊流连的朱耿人清楚一朵玫瑰花的开放时间有多长。鲁中平原有着冗长的白昼和冗长的夏天。生活在夏天的鲁中平原，那存在感真叫一个天荒地老。

凌晨四点，墙角的牵牛开花了。五点多，村道上的蔷薇和太阳同时绽放笑脸。六点，荷花在池塘的碧绿里撑开它红色的油纸伞。中午十二点，太阳这匹金马金光闪闪地行驶在村庄的正上方，高的树像缠绕了灯串那样闪闪烁烁，户户屋顶升腾的炊烟金光闪闪，好像飞翔着的金色的羽毛。这时，一朵玫瑰的花苞“叭”地一声打开了，接着，一枝枝玫瑰像一串串大红鞭炮在半空中噼噼啪啪地炸响，一条香气的河流迅疾涌入了村庄，到达每一户人家的门口。六月芒种，有芒的麦子快收，没芒的扁豆大葱番茄辣椒快快移栽。下午一点，出工的农民经过玫瑰园，脚步放慢了许多，甚至停留片刻，像是等什么人，他们不会将玫瑰拿到鼻子边来嗅。在他们看来，摘花闻香是小孩子偶尔的顽劣，是被灰尘雾霾噪音围困的城里人初见鲜花的行为。摘掉的玫瑰很快就会发蔫。城市的花店常年兜售的玫瑰，城里人用以表白情愫卖弄情调的玫瑰，其实是月季。傍晚时分，中午开花的玫瑰谢了，也有许多花苞凸着，一副着急看世界的样子。像采集了数十朵乃至上百朵鲜花花蜜的蜜蜂那样，收工的农民走过玫瑰园，回到蔬饭热乎乎香喷喷的包围里。

秋天，树青的葡萄熟了。亮晶晶圆鼓鼓的紫葡萄让土地升华成了一个果园。葡萄也开花，细碎的小白花。大地上的香气如花绽放。在漫长的夏天里，玫瑰花对葡萄花说了些什么，我们当然不清楚，没有把根扎在泥土里，我们无法知晓植物深处的事情。但是，秋天的果实以它们绵延不绝的香气进化着我们的嗅觉。玉米是香的。花生是香的。黄豆是香的。红薯是香的。

第二年春天，朱耿人开始在庭院里栽培玫瑰，玫瑰枝来自村北的玫瑰园。玫瑰也叫“离娘草”。玫瑰抽了新枝，老干易枯，将新枝它移，则两者皆茂，如同长大后独自飞翔的孩子，用它们的茎叶花果成就着空间上的繁茂。“一朵玫瑰，就是所有的玫瑰。而这一朵，她无可替代，她就是完美，是柔软的词汇，被事物的文本所包围。没有她，永不知如何说出我们的希望为何物，还有那些温柔的间歇，在持续的出发程途。”奥地利诗人里尔克描述的异域的玫瑰。美好的自然事物总是如此一致。天堂世界的记录者、玫瑰诗人里尔克描述的杜伊诺城堡的诗意场景，和朱耿人遇见的一模一样，都是色彩与激情共生、芳香与希望齐飞的生活现场。

木槿

植物之美是自然美，即不事雕琢的天然之美、自由率真的个性之美、安静恬然的纯净之美。多读几遍《诗经》，那些《诗经》里的植物就会开口说话，讲述人与植物的欣喜相逢，讲述青枝绿叶红果对人的容貌和美质的持续塑造。

“静女其娈，贻我彤管。彤管有炜，说怿女美。自牧归荑，洵美且异。匪女之为美，美人之贻”（《邶风·静女》），红彤管比野生的白茅贵重多了，男主淡淡地说了句彤管有光彩，却对少女心怀虔诚走远路

采撷的小草喜爱有加；洵美且异的白茅传达着少女对纯洁爱情的热烈期待。在春秋这样一个植物胜利的时代，人们的衣食住行围绕着植物展开，植物的茎株上灿烂着人们如花朵一般幸福的笑容。尤其是《诗经》里的女子，有着鲜明的植物属性。“手如柔荑”，说女子的纤手柔滑白嫩，宛若初生的细长的茅芽。“齿如瓠犀”，牙齿洁白匀整如瓠瓜子儿。植物的美引领塑造着人的美。荑手葱指瓠齿樱唇杏眼柳眉，如许植物之美集于一身，会是怎样一种惊世骇俗的美？“有女同车，颜如舜华”，只这两句八字，就描画出了女子的容颜之俏和形体之美。这样的好句子，看一眼，再看一眼，就会让人眼花缭乱，恍若每一根花枝上都生动着一张少女的俏脸，每一张少女的俏脸都弥散着一种醉人的花香。

花是木槿，即《诗经》里的舜华、舜英。好花知时节。读《礼记·月令》，读到“鹿角解，蝉始鸣，半夏生，木堇荣”的句子，满目繁华，恍若置身灯火通明的剧场。中国古代把夏至分为三候：一候鹿角解，是说美的鹿开始脱角；二候蝉始鸣，说的是雄蝉演奏暖场音乐；三候半夏生，犹如小小的焰火，绿色的半夏草挺秀在夏天和大地的中心。仿佛三军列阵，旌旗猎猎，战鼓擂擂，这么盛大的场面，才配得上繁荣、茂盛、荣耀的木槿。夏天像汹涌澎湃的大海，白的、粉的、紫的木槿宛若朵朵浪花，美丽着浩瀚无垠的海面。

遥想两千多年前的那个《诗经》里的夏天，艳阳灿灿，蜂蝶翩翩，一辆马车一驶入乡村道路，即刻被路两侧的木槿簇拥着。马车像一只行驶在绿色水面的小船，前面是花，后面也是花；左边是花，右边还是花，车上的痴男情女陶醉在木槿花制造的香甜空气里，天长日暖，不知归路。木槿树高五六尺，列植于道侧或菜园四围，供观赏兼作花篱、绿篱，从《诗经》之后的诗词歌赋中可以看出，中国的乡村一直保存着这一栽培模式，就像木槿经历霜雪也遭遇斧斫，也没有改变它们的三裂叶和钟形花，勇敢而又固执，坚持着它们最初的笑容。

生活在槿篱边的每一秒钟都是美妙的。农民在菜田果园的四围植一溜木槿，挡鸡挡鸭，它是篱笆，也是鲜花、清露、鸟鸣乃至爱情的生发之所，培植着勤劳、淳朴、温善等诸多的美德。有千年流传的诗词为证。譬如，后唐词人孙光宪在他的《风流子》里这样写道：“茅舍槿篱溪曲，鸡犬自南自北。”槿花是一种光，孕育于地心深处，沿着灰褐色的茎执拗地升至夏天的枝端，照亮了低低的茅舍，照亮了弯弯的溪水，也照亮了鸡鸣犬吠鹅呱鸭噪男耕女织等熙熙攘攘的生活现场。木槿为篱，芍药为栏，是古文人痴迷的田园仙境，槿篱药栏隐世且独立，是与庸常世俗对抗的古文人的倒影。宋人秦观也描述了槿篱守护的人间仙境："槿篱护药红遮径，竹笕通泉白遍村。"这个盛夏的乡村用木槿、芍药、竹笕、泉水等材料建造而成，这些材料没有阶级、朝代的杂质，花开花落即为生活的节奏。

木槿的繁殖有播种、压条、扦插、分株几种。培植槿篱多用扦插。春分时节扦插，夏至见花。春分，木槿的树液从根部涌到顶部，但新叶未萌，选取去年新生的枝，截为学生直尺一般长短的小段，下面的切口剪成马蹄形，上切口平切。扦插时先用生铁炉条按株距预插一些小洞，再将槿条轻轻插入，培土压实。

二十多年前的一个春天，我在一所乡村中学的甬路旁做着上述的事情。槿条是从学校南边村庄的行道树木槿上剪取的。疏篱夹路的几年里，我依然细心地剪枝、扦插，关心天气和绿叶，做一个育好花的园丁。后来的槿条扦插在槿篱的缝隙中，成活后移植校园的角角落落，或者赠给学生由此进入寻常农家，渗透到学生的饮食起居等日常生活的细节，以及他们对于未来的朦胧的想象。我是语文教师，兼任学校的通讯员。写宣传稿，须挖掘新闻亮点。一个槿花开放的夏天，我写学校的环境育人，写每一朵鲜花都有自己的语言，并灵光一闪，确立了校树校花。校树是高高的白杨，追求着天空的寂寞。校花呢，是木槿，"槿""锦"谐音，木槿花开满树，烂漫如锦，开花是锦上添花，结果是锦绣前程。

木槿的花瓣薄如蝉翼，其上密布细细的褶痕，宛若微风吹皱的小池。木槿花色深浅不一，有纯白、粉红、淡紫、紫红等几种。我喜欢粉色的木槿，黄黄的花蕊像一些小小的饭粒，落在红红的花心上，而粉粉的花瓣犹如水花四溅，看久了，眼睛都会蓄满湖水的。我栽培的槿篱是粉红的，像一片片朝霞铺满校园，每一次走在甬路上，都是晨曦初露的好时光。"腋下夹了书本，经过塔松氤氲着的庄重的气息，经过砖铺甬路和两边木槿天真的微笑，在教室门前，我准备着表情准备着可能精彩的开场白。"多年以后，当我回望那段乡下教书的过往，

总是把这个场景与鲁中平原某条乡间小路上扛着锄头走向耕地的农民联系起来。我觉得，校园这个幸福的容器盛满我事业的甜蜜和青春的莽撞，我充实而紧凑的生活都围绕着排排木槿展开。

一个木槿花开的七月，我和一位年轻的女教师在甬路上打羽毛球。粉色的羽毛球像一朵会飞的槿花在空中翔舞。我说翔舞，是因为我尽心尽力地给她喂球，尽可能地把球打得高一些，球速慢一些，打到她乐开花的心坎坎上。一着不慎，羽毛球落花一般，飘落到浓密的木槿树丛里，再也没了踪影。那年冬天，木叶纷纷落下，我们惊喜地发现了那个羽毛球，像一朵槿花留恋在枝丫间，固守着一个浪漫夏季的许多粉红的回忆。当然，我们有许多可供击打的羽毛球，就像我们有旺盛的多巴胺和肾上腺素。我们这种“羽随心动”的时间多为早晨和傍晚，呼应着木槿朝开暮敛的生命节奏。

木槿朝开夕凋，如朝露易干，也叫时客、朝生、朝颜（朝开暮落、如丰满人面的牵牛也叫朝颜）、朝开暮落花。它的别称“舜华”意即瞬间凋零的芳华。木槿以清晨的花容为最美。清晨，鲜嫩的花瓣儿沾着露水豆儿，如同少女鼓鼓的红红的脸蛋儿挂了几颗晶莹的泪珠，阳光成群结队地往花朵上一围，槿花的脸蛋儿暖暖的痒痒的，看上去十分的娇艳迷人，像极了一句古诗：“林花著雨胭脂湿。”槿花可食。含露的槿花吃在嘴里尤为清爽嫩滑，又面又甜。那甜里有露珠的味道，有空气的味道，也有对面女同事微笑的味道。女同事听了我的描述，搁下球拍，脸蛋儿贴近了一朵木槿，闭了眼睛，细细地嗅，那情那景，真的是“有女同车，颜如舜华”。中午，槿花最为饱满，而花色由浓而淡，像是一件被阳光洗白了的粉色衣衫。近黄昏，水分散去，槿花化身一只毛茸茸的小球，下垂着，仿佛女子衣裙上的配饰。崔道融《槿花》：“槿花不见夕，一日一回新。东风吹桃李，须到明年春。”小绒球凋落了，次日清晨，另一朵槿花倚风含露，笑脸盈盈。宛若一个小喜悦摁下了一个小忧伤，如此暮落朝开，绵延不绝地照耀着我们的视界和心灵，正是宋人杨万里咏叹的“占破半年犹道少，何曾一日不芳来”。

“何曾一日不芳来”，这是我们感知世界的一种方式，它是整体的、宏阔的，不拘泥于一时。“漫栽木槿成篱落，已得清阴又得花”，杨万里的这两句诗，也是这样的美学视角，这种美感得益于天地自然的滋养。栽培槿篱是物质生活的需要，而清阴花朵是高于篱障之上的精神享受。有了这种感知和对大自然的绵绵情意，我们才会“山中习静观朝槿，松下清斋折露葵”，自然的美丽瞬间和人生的精彩段落相与为一，和谐共生。

荷花

杨万里的咏荷诗字词铿锵激越，风格磊落壮阔，宛如一朵粲然怒放的荷花，傲立万绿丛中，不同于唐宋时期那些色彩绮丽、情致缠绵的咏荷诗篇。高高的天和田田的叶都碧绿在浩浩渺渺的西湖上，而湖面上升起一千颗一万颗大太阳，流云滚滚，都被烧得红彤彤的。“接天莲叶无穷碧，映日荷花别样红”，这经典诗句里的“莲叶”和“荷花”是事物的基本，是叫人生长清爽安适愉悦的那种东西。绿叶红花是绝配，人类生活中所有相衬相生的人事都以此为参照。

叶称莲叶，花谓荷花，这植物给人一种嫁接的感觉。称荷叶莲花，亦可。我喜欢喊它荷花，就像小时候站在湾塘南岸喊对面的女孩，女孩的倩影一闪，她清脆的应答贴着水面飞来，裹挟着一股清幽又清凉的荷香。湾塘里有大朵大朵的荷花在开。湾塘四围垂柳临水照影。“山有扶苏，隰有荷华”，诗经时代的人们也称荷花的。古代的天地真是澄明，山上树茂盛青翠，水中花鲜妍明媚，它们每一次从黑夜里升起，都像刚刚啄破蛋壳儿的小鸡，一副清新活泼的样子。

荷在《诗经》的另一次出场很像初进贾府的林黛玉，眉儿眼儿都透出一种娴静脱俗的气质：彼泽之陂，有蒲与荷；彼泽之陂，有蒲与莲；彼泽之陂，有蒲菡萏。蒲是香蒲，香蒲科多年生草本植物，灰褐色肉穗花序圆柱状（菖蒲的肉穗花序黄绿色），形似蜡烛，又叫水蜡烛。“秋生洲渚静，露下蒲荷晚”，香蒲荷花宛若一对亲密无间的姐妹，以其清丽的身影和清秀的面容召唤人们在河畔筑庐定居，生儿育女，柔情蜜意地照料着人们的衣食住行。在《诗经·泽陂》中，香蒲更像是水中燃烧的蜡烛，烛照着水滴绽放成雪花的道路，烛照着荷花植根安蒂吐芳结子的生活现场，让后者成为幸福生活的清晰镜像。与香蒲相伴而生的荷、莲、菡萏不是一物三名，而是一种植物的三个不同部位：荷是叶柄，莲指莲蓬，菡萏为花苞。如今，莲荷均指植物的全株，莲花即荷花。

荷花的叶柄圆柱形，中空，有一两米那么长，柔弱而坚韧地擎举着形似锅盖的大叶，就像母亲用她瘦弱的肩膀负荷着木柴、粮食、婆婆的咳嗽以及孩子的抱怨。叶柄负荷的叶是荷叶。东汉许慎《说文解字》释《诗经》的“荷”为叶：荷，扶渠叶。李商隐“留得枯荷听雨声”的荷即荷叶。花繁过，叶茂过，大红大绿只剩下一池凌乱的枯而不败的荷叶，偏偏又逢秋雨凄凄，点点滴滴，冷冷清清，滴在失眠人的耳畔，落在听荷者心的凹槽，听得人柔肠寸寸断。听碧碗飞珠迸玉，宜丰盛之夏。七月，荷叶鲜绿洁净，大如雨伞，是水珠阳光的憩园，是青蛙蜻蜓的摇篮。犹记得小时候站在湾塘岸边，看青蛙从水中跳到了荷叶的表面，荷叶故作紧张地颤抖了几下，青蛙溅落的水珠在叶面上顽皮地滚来滚去，就像荷叶的手摆弄着几颗美丽的玻璃球。也有红红的蜻蜓在湾塘上空飞，蜻蜓的影子在水中游，看上去妖艳迷人。蜻蜓飞累了，在荷花的花苞上小憩，俨然荷花初绽。荷花的花苞叫菡萏。和叶柄等长或稍长的花梗挑着一个青里泛白的花苞，样子像极了可爱的火柴。“芭蕉开绿扇，菡萏荐红衣。”田田的荷叶亦如绿扇曼舞轻摇；菡萏宛若跳红绸舞的女孩儿，由一个火柴头般的焰心舞出三十瓣花五十瓣花的熊熊火焰，舞得水面红浪滚滚，舞得天空红云滚滚。

荷花可食之处有头有尾。花上结实曰莲蓬，内有莲子。地下生茎为莲藕，肥大有节，内有七个或九个管状小孔。莲蓬也心有灵犀地捧出二三十个同比例的小孔，容纳豌豆一般大的莲子。七孔藕软糯，适合炖煮煲汤；九孔藕清脆，凉拌清炒尤佳。我念念不忘的是那年七月在武汉的清晨和女儿吃到的嫩莲子。

圆鼓鼓的莲蓬有些像农村人生娃后用泥巴垒在墙上的乳房，莲蓬的小孔犹如用手指戳出泥乳房的一些小凹陷，飘逸着江南水乡温馨清甜的气息。泥乳房的小凹陷是关于产妇乳汁香甜丰盈的祈祷词。婴儿周岁断奶，泥乳房被捧到责任田里，复归土地，芬芳着庄稼们的呼吸。莲蓬里多莲子。莲子是“连子”的谐音。旧时，故乡有一新婚习俗，结婚前夜男方铺婚床，铺的时候撒一些花生莲子红枣之类，铺垫着早生贵子、多子多福的未来生活。

在千里之外的武汉遇见莲子，犹如在异乡看见了亲人。而况，是在十分荷叶五分花的江南清丽地。古乐府有一首让人静了耳根、软了心肠的采莲歌：“乘月采芙蓉，夜夜得莲子。”芙蓉即莲蓬。我和女儿买了两个莲蓬，在步行街上边走边剥，莲子鲜甜的气味宛若一股清爽的风，扑面而至。吃进口中，犹如一汗甘泉灌注舌床，清甜鲜爽，有水草的腥甜，有月光的清凉，也有荷花的馨香。女儿第一次吃鲜莲子，她在那个夏天经历了高考风暴的洗礼，她已亭亭，即将去孤独而辽阔的水域不忧亦不惧地盛放她的青春。她已非菡萏，我无须作遮风挡雨的荷叶。

女儿十四岁的那年暑假，我和她去看朱自清笔下的荷塘，她的目光翻越了密密层层的荷叶，惊喜地发现：清华，清荷，朱自清，世间清澈清洁之物悉数抵达于此。作为远离农村、稼穑的一代人，她应该有更为广阔的视角思虑她所处的世界。更多的寒暑假，我和她回到我的胞衣之地，回到我童年时代长大的街道和田野。我指着一个满是垃圾的大土坑，告诉女儿，我小时候村里有七大湾塘，塘边植柳，湾里养荷，夕阳下小船的倒影像一条大黑鱼在水中闲游。女儿一脸的诧异。我告诉她，我不是在重现唐诗里的意境，我在用心用力地重返我的童年。可是，一池的荷花像一场繁华大梦，在现实的阳光下枯萎成泥。往事成空。荷花池塘街道这些旧物荡然无存或面目全非，往事没了证据支撑，成了空空的蝉蜕。而我的追忆更像是一次声情并茂的撒谎。

荷花去哪里了？在洪水般泛滥城市广场的舞曲《荷塘月色》里，在跳舞大妈如搁浅在水泥地上的大鱼一般摇头摆尾的舞姿上。无可奈何无法挣脱的是，钢筋水泥噪音尾气成为她们梦的衣裳，荷花是她们凌晨梦醒眼角噙着的一朵昨日的忧伤。“大儿锄豆溪东，中儿正织鸡笼；最喜小儿亡赖，溪头卧剥莲蓬。”这首《清平乐》的现代版是，长女跑北京做了保姆，次子在县城干泥瓦匠，小孙儿陪着老奶奶坐在黄昏的门槛上，数着稀稀落落的行人。

有荷花的村庄是热闹的，也是吉祥的。小时候的春节是热闹的。男人宰年猪，女人蒸年糕，小孩贴年画。年画一上墙，整个土屋都亮堂堂的。忙年的人忙得屁股不落板凳儿。年画上穿红肚兜的胖娃娃乐得合不拢嘴儿，他紧紧抱住了荷花旁的一条大鲤鱼，年画名曰《连年有余》。荷花要改称莲花的。莲花鲤鱼让生活的链条如此环环相扣，幸福源远流长。

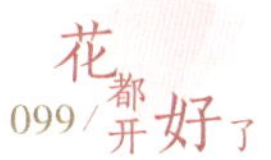

王昌龄的《采莲曲》保存着热闹欢腾的采莲盛景：“荷叶罗裙一色裁，芙蓉向脸两边开。乱入池中看不见，闻歌始觉有人来。”悠悠绿水、缕缕荷香、阵阵莲歌，弥漫成一种安适愉悦的氛围，飘渺成一种清雅柔美的背景音乐，烘托着裙如碧荷裁、颜若红莲开的翩翩少女。少女采撷的是荷叶，是菡萏，还是莲子？我们无法分辨。荷叶煲汤，菡萏入药，莲子养心，荷花从下到上皆是舌尖上的柔情蜜意。我们可以确认的是，人们与植物相依相存，植物慷慨地将茎叶花果的所有美丽色彩，将和谐愉悦的生命状态以及英勇斗争的神奇经历，还有清晨澄澈的露珠、黄昏清澈的鸟鸣等大自然优秀的作品，全都毫不保留地赐予人们，达成“乱入池中看不见”的人与自然的浑成之美。

读宋人许顗的《彦周诗话》，更觉荷花的与众不同：“世间花卉，无逾莲花者，盖诸花皆藉暄风暖日，独莲花得意于水月，其香清凉，虽荷叶无花时，亦自香也。”作为睡莲科莲属多年生水生草本花卉，荷花有红台、洒锦、粉喜、玉蝶、碧台莲、玉玲珑、醉半熏、舒广袖、朱帘半卷、烛影摇红、银嵌碧玉、翠微夕照等二百多个品种，花色有红、粉、白、紫等色。

有一条河流经我蜗居的小城，河流浅水区种植了许多荷花，看形貌，是玉蝶。倘若我转道三马路去北城区上班，就可沿着河岸缓步徐行一段距离，其他路段骑公共自行车。此种寻美之旅尤其适合夏日清晨，我因此目睹了荷花的一颦一笑。玉蝶是一种重瓣荷花，花瓣有三十枚左右。初开的花瓣乳白色，像是“在牛乳中洗过一样”（朱自清《荷塘月色》），在七月阳光的深情凝视下，花瓣渐渐地涌动出温柔的粉色，而花瓣尖儿却挑着一点点嫩黄，像是对着河水噘着小嘴卖萌的青春少女。所有的花瓣矜持地向内包裹着，显得十分的圆润饱满。这个城市的人都在忙忙碌碌的，他们开着跑车，忧虑着迟到。突然，有一天，城市的男女老少潮水般涌到了河岸。那是一场暴风雨过后，人们呼朋引伴、扶老携幼地争看家门口的滔滔“黄河”。那场暴雨洪水冲毁了村庄的一些民房，冲断了部分道路和桥梁，冲垮了脆弱的抗洪防线。我忧虑荷花的安全。性喜稳定浅水的荷花太像小时候那些胆怯的在湾边学狗刨的玩伴。浊浪滚滚，泥沙淘淘，弱不禁风的荷花会像水泥块大石头一样被冲走吗？洪水和人潮退却以后，我牵挂的荷花就像日常的晨开暮闭一样，在清晨又一次探出它细长而柔韧的叶柄，叶柄负荷着娇嫩鲜艳的荷花，宛如一种信仰，经过风雨的锤炼，愈加坚定从容。

荷花，是河流的图腾。荷花的根叶花果，是人类获得幸福感和归属感的源头。

绒花

旅美华人严歌苓的长篇小说《芳华》被冯小刚搬上荧屏，有歌手在片尾翻唱了老电影《小花》的片尾曲《绒花》。电影《芳华》火了，片尾曲也引爆了一场线上线下的问花寻芳热潮。绒花树、朱缨花、含羞草等一些开花绒球状的植物纷纷成为观众竞相赞美的英雄花。“滴滴鲜血染红它”，单凭这一句歌词，观众热血沸腾地把木棉花和映山红也拉扯出来。

“世上有朵美丽的花，那是青春吐芳华，铮铮硬骨绽花开，滴滴鲜血染红它。”老歌和乡音、老屋、古树、旧雨、家谱一样，它是一个地方，一个有着儿时印记、心理认同的经验世界和心灵家园，是凭借一张旧船票即可重返的昨日世界。如果没有这样的安心之所，又怎会产生《追忆似水年华》呢？

留连又见芳华，一树重开童年花。《芳华》打造的不是荧屏形象，而是让我们的心灵苏醒的地方。人们把自己置换成剧中人，在光影轮转里重返青春，经历廉价的痛苦和浅落的不快。“绒花绒花”的旋律响起，像一场香雪从天而降，人们挥舞着衣服帽子，挥舞着尖叫，奔向绒花开放的故乡。美丽、芬芳、鲜红、顶天立地，这一切构成了故乡的空气、故事和场域。绒花是一个动词，它不是让人怀旧，怀旧徒增忧伤；它把故乡和过往灌注到我们的身体里，让我们更有意识地活在当下，活得有声有色，活得风生水起。

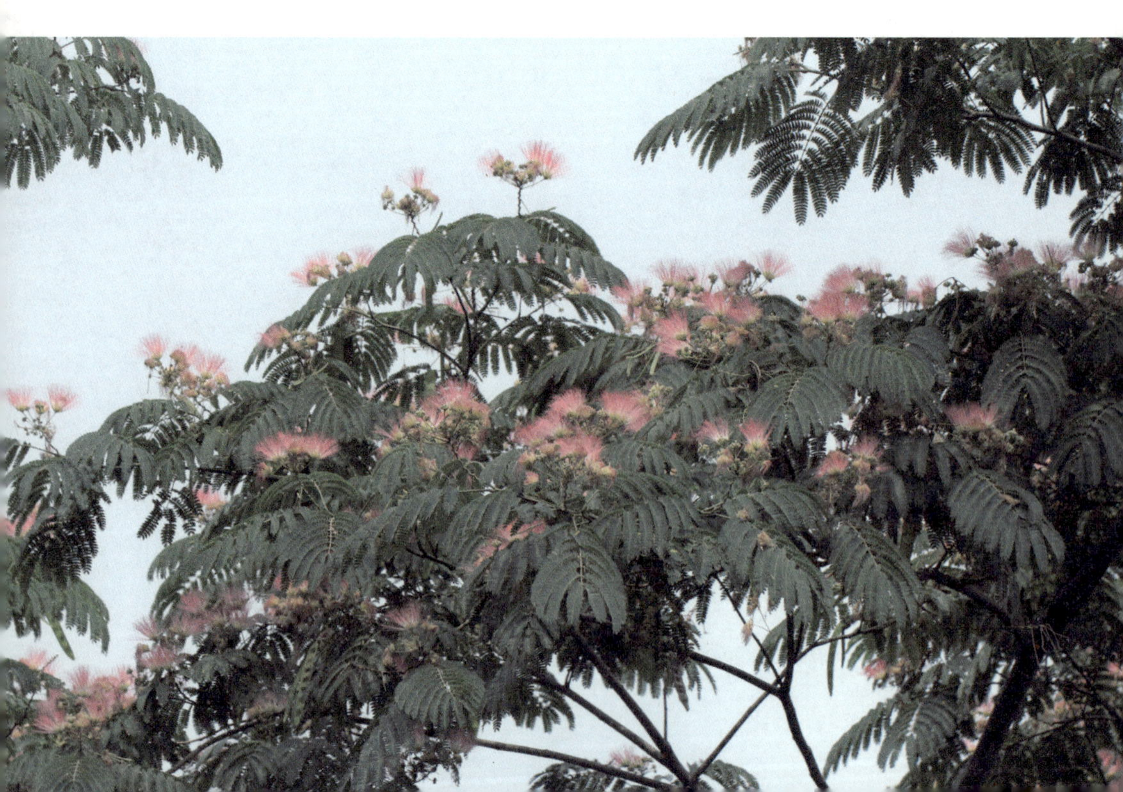

高树、炊烟、鸡鸣、小桥、瓦屋、土地、庄稼，这些建造故乡的材料大致相同，而每个人的故乡截然不同，这取决于生活细节与故乡材料的缠绕缠绵。

《小花》由北京电影制片厂制作，一九七九年上映。《小花》剧情取材于作家前涉的小说《桐柏英雄》，故事发生地河南桐柏绒花到处可见，山区尤多。作为豆科落叶乔木，绒花耐寒，耐干燥，耐贫瘠，树干稍粗糙、灰褐色，树似梧桐，高十几米，在陡峭山崖上“顶天立地迎彩霞”。在我童年的时代，绒花树站满了故乡的横街竖街。《小花》热映的那两年，绒花开得特别漂亮。粉红的细丝般的花雨从天而降，碧绿的羽毛状的长叶犹如一千只手，柔情满满地伸展着，细密的雨丝落在叶的掌心，腾起一团一团的红雾。

我们村的人喜欢以软软甜甜的花名称呼植物的全株，譬如叫“绒花树”为“绒花”，称“棉花树”为“棉花”。清明棉花育种，谷雨移栽棉花（幼苗），立秋采摘棉花（棉桃的棉絮），霜降拔除棉花（棉柴），这些重要的时间节点未有棉花幼时洁白若雪、青春期红似火焰的花朵，可是，幸福的花儿盛开在心中，在锄头上，花期长达二百多天。绒花守护的街道是世俗生活的展览馆，是热闹纷扰的清明上河图。跳皮筋的女孩和晒太阳的小狗都有自己的地盘儿。两个女孩各持一端，抻长皮筋，其余女孩单腿一跨，双臂一摆，辫子一甩，街角芳华初绽，绮丽多姿，成了一个小小的花园。纳鞋垫的老太太和她的针线笸箩守护在巷口，笸箩里盛着针头线脑和一些老掉牙的故事。老太太的鞋垫上生长着四时草木。一朵杏花落下来，被针线小心地拾起，细细密密地缝缀在鞋垫上，芳华不减。绒花的叶子在枝头舒张着。单个的小叶长圆形，似槐荚；小叶对生，在叶柄上排成两排，叶形细碎而整齐，色泽碧绿而有生机。这样的叶一片一片地绣着，一针一线春生夏长，绣出春天繁密如盖的新叶，簇拥夏天如霞似雾的粉色花海。

如同许许多多的花儿一样，人们用许许多多的芳名表述着对绒花发自内心的喜欢。绒花的别称还有青裳、夜合、合欢、蠲忿等。绒花七月开放，二十世纪八九十年代的毕业升学考试也在七月，绒花又叫考试花、毕业花。许多年以前的一个七月，故乡的街道，我看见了给绒树披青裳的羽状叶的日开夜敛之美。那时的中考成绩是由乡文教组的同志或委托他人到村里口头送达考生的，有着书信时代的温情和诚挚。送信人进村逢人便问，热情的村里人听着学名，猜测着是谁家的娃儿。孩子的学名被大人们喊着，称赞着，这是孩子长大的一个标志吧。在等待录取通知的那段日子里，我经常在街道上来回走着，目光忧郁而略带深邃，像许多青春期男孩那样，倔强的眼睛望着树上的雀鸟和天空的流云。一树一树的绒花开得正盛，花色粉粉柔柔的，花丝细细长长的，头状花序簇生于枝顶呈圆锥状，看上去就像许多漂亮的小扇子。有一天，我摘了一串绒树叶，用透明胶纸粘住叶柄，固定在窗玻璃上，入夜，似有绒花淡淡的清香萦绕鼻翼，缠绕梦乡。清晨一睁眼，发现对生的小叶两两相合，如酣睡的少女安静地合着她纤长浓密的睫毛。我被叶的内敛之美和井然有序的生命节奏惊到了。这些脱离泥土告别树枝的叶子听从谁的指令，步调一致地由张扬转入敛迹？是光，普照万物的阳光。而在树上的叶子则在朝阳中张开它们修长的臂膀，拥抱蜂蝶翩翩、鸟鸣啾啾、清风习习的新的一天。

在七月这个迷人的月份里，野花在路边歌唱，高树的叶像朝露一样清新，许多植物在无法移动的地方完成着和谐而有灵性的运动。荷花晨开暮闭。绒花的叶入夜成对相合，给烟火人间注入它所理解的情投意合。在追求光明的过程中，荷花绒花们获得的晨开暮闭的生存智慧，为后来的日出而作日落而息的人类生活提供了模本。

“合欢”这名字有和合欢乐的意思吧。合欢在三国时期即有记载：“合欢蠲忿，萱草忘忧，愚智所共知也。”（嵇康《养生论》）蠲忿，去除忿怒，合欢自来。从夜合之叶到合欢之树，这意味着人们对植物创造的美和欢乐的思想的认可和尊崇，以及对万物各得其正、人类和合与共的内心期许。清人纳兰性德的《夜合花》句句写花，字字汹涌着一种同舟共济的人间情意："阶前双夜合，枝叶敷华荣。疏密共晴雨，卷舒因晦明。"

史铁生有一篇散文《合欢树》，其中有这么一句："以为是含羞草，种在花盆里长，竟是一棵合欢树。"这是文章中唯一写绒花形态特征的句子了。绒花属含羞草亚科，幼苗和含羞草有相似之处。如果只看这一句，更像是要讲述一个励志故事，譬如，《小花》女主角赵小花经过战火的洗礼，由天真单纯的含羞草长成了顶天立地的英雄花。这棵绒花开花的时候是什么样子？像戴小尖帽的女娃儿一蹦一跳时甩动的帽顶上红红的毛线绒球，还是像穿绿衣白裙的旧时女子手持的半遮素面的粉扇？史铁生直到去世都没能看见一树花开。有一次，他以手摇车进出不易拒绝进入母亲生前居住的绒花开放的小院儿，拒绝直面伤痛的旧物。史铁生的母亲直到去世都没能看见一树花开。第一年，母亲当含羞草盆栽；第三年，以为枯萎的小树长出惊喜的叶子；第五年，母亲去世，史铁生搬了家，留下移栽泥土的孤独生长的小树。那是一位慈祥、天真、华发早生、心平气和、有一丝希望必定付出十分努力的母亲。这样的母亲，是孩子可以依赖、可以撒娇，甚至可以耍脾气的家。合欢，合欢，老老小小和合一家才叫合欢。母亲不在了，念念不忘合欢树的人痛苦地享受着他无可名状的、横无际涯的悲伤。

那一年，在绒花的目送下，我走出了村庄，去陌生的城市读师范。周末常常骑自行车返乡，来回一百多里路。有一次，即将转弯的时候，我回头一望，母亲依然站在绒花树下，痴痴地望着我在的方向。她在绒花树下站了多少回，站了多久，我不知道。母亲去世以后的每一个忌日、每一个清明、每一个春节，我去母亲坟前烧纸、磕头、号啕大哭，总是遇见那两排绒花树。恍惚间，母亲还站在树下，等我，送我。她黑里透红的脸微笑着，笑成了绒花树下最美的花。

辑三

凉花爽月

鸡冠花

鸡冠花是一种长得像鸡冠的花，高一些的，能长到一米多高，它直立的茎有高粱莛秆儿一般粗细。莛秆儿圆润光滑。鸡冠花的茎赤色（也有绿色的），无毛，上部扁平，有微凸的棱纹。

鸡冠花是苋科植物，草本。苋科的鸡冠苋也叫青葙，它的花粉红，圆柱状，有些像狗尾草毛茸茸的花穗，哪有鸡冠的样子。鸡冠苋、马齿苋、刺苋菜多为野生，沟畔林缘河滩都有它们高高低低的身影。鸡冠花大多生长在农家小院里；野地里也有三两株，那是一个孩子埋下的小秘密长成的大惊喜，或者种子从鸟兽口中落地而生的奇迹。

鸡冠花也叫鸡角根、红鸡冠、大鸡公花、凤尾鸡冠，这是农村人朴素的叫法。鸡冠花高高炫耀在植株顶端，有修齐治平情怀的读书人叫它高冠。鸡冠花是吉利之花。鸡为吉祥之禽。鸡冠花是朱耿村栽培最多的庭院花。鸡是朱耿村养殖最多的家禽。

朱耿村的人是从哪一年饲养鸡禽的？村里的老槐树知道。这棵定根树是明朝初年故乡的祖先建村时栽种的。它见证了第一缕炊烟如何袅袅升腾为天空的云。它的枝叶越长越多，聚拢着越来越多的鸟鸣、蝉鸣、鸡鸣；它越来越粗的主干密布着深深的褶皱，藏匿着节令、气候、家谱、风俗、往事，以及故去的朱耿人青铜的面容。第一个养鸡的朱耿人带来了鸡鸣则起、鸡归则寝的生活智慧。第一个栽培鸡冠花的朱耿人更像一个理想者。鸡冠、花冠、高冠，他试图通过植物动物的奇妙组合，为村庄创造好风水。

童年的我养过鸡冠花。当然，还有马齿苋、夹竹桃、月季花等。现在想来，我的骨子里一定潜藏着祖先浪漫的基因，要不，一个男娃怎会这样喜欢养花呢？那些年，朱耿村的人大都过着半饥半饱的生活。父亲起早贪黑，像鸡一样，泥土里刨食儿吃。母亲下坡扛活之余，养了几只鸡，多是母鸡，她的习惯性行为是，并拢右手的食指中指，贴

近母鸡屁股，丈量开了多大的蛋窝，若蛋窝三指（约为六厘米），母鸡将产蛋，她笑得嘴角都咧到耳朵根儿了。抠鸡屁股，卖蛋，是我家主要的经济来源。我长得有镢头那么高的时候，就挎着小筐扛着镢头挖野菜。野菜好吃，也好看。我挑了一些好看的野菜种在院子里，比如马齿苋、蒲公英。后来，我学会了扦插和育种，月季花、刺梅花、鸡冠花、丝瓜花等纷纷住进了我家的小院。

鸡冠花籽黑色，扁圆，形状似肾，和谷粒一般大小。捧在手里，细看，鸡冠花籽有棱有角，这些小的棱角让小的种子形成许多个闪闪发光的亮面，看上去更像一枚黑黑的钻石。花籽是上一年立冬时节从黎明家的门前采的。他家院墙外种着一片鸡冠花。每次从他家门前经过，眼前红艳艳的，似乎每一棵鸡冠花都在引颈长鸣，每一棵鸡冠花上都盛开着一个红彤彤的黎明。

立冬采花籽，清明种，要采直立的鸡冠花的，那是自然开败的，花籽最有生命力；采的时候动作要轻，不然，会碰掉其他花籽的。黎明的母亲说话的声音很柔和，就像洪沟河的流水，温润而甘甜。顺天应时，循时而动，如此高深的道理被一位乡村妇女说出，却是这般通俗易懂。她养了两个儿子，大儿叫黎明，小儿叫曙光，都在村里的小学读书。她养着的一群鸡在鸡冠花下刨食。鸡们的爪子朝前急急地刨几下，再低头用尖尖的嘴磕磕作响地啄着小虫或其他可口的东西。有一只大公鸡从鸡冠花丛中探出头来，朝她抖动了两下鸡冠，那动作真是帅气。

“清明前后，种瓜点豆。”朱耿村那些渺小而硬实的种子真的是一个传奇。这些捶不扁、捏不碎的响当当的种子，聚集秋阳的温柔和寒冬的凛冽而凝成坚硬的核心，在春阳春风春雨的撩拨下，它们迫不及待地要打开，打开茎叶，打开花朵，打开一个清澈明朗的世界。每一粒种子都孕育着一个清明。

鸡冠花初生的模样是惹人心疼的那种。如果不种鸡冠花，我不会看见一棵幼苗的坚韧与安静。我寻了一个漏水的旧脸盆作育苗盆，装上大半盆土，撒种，再埋上薄薄的一层土，洒水，白天晒在太阳下，夜晚睡在炕头上。到了第三天，就有一些小芽儿从土里钻出来。小芽儿黄黄的，弯弯的，形状很像农历月初的月牙儿，粗细和母亲用的缝衣针差不多。俯身细看，要屏住呼吸的，生怕一口气把它们吹跑了。第五天，小芽儿长出两片子叶，宛如两只小眼睛，一眨一眨的，眨得我的心都快融化了。半个月后是谷雨，鸡冠花的个头有铅笔那么高了，叶子长出了七八片，一寸来宽，长卵形，叶尖像女孩尖尖的下巴一样好看。雨生百谷，布谷抚羽，鸡冠花移栽定植。小院东北角有一口压水井，压水井南面有一小片空地。我用小镢头刨了地，又从炕洞里掏了一簸箕草木灰，均匀地撒在上面，刨坑，再把幼苗一棵一棵地请到不同的小土坑里，浇水，用手抓了泥土，培土，固苗。

鸡冠花和别的花不一样。杏树桃树丝瓜黄瓜的花朵一旦开放，花瓣再不生长，而且匆匆凋零。清明栽种的黄瓜芸豆六七月间开花，挂果。鸡冠花却像做绣花鞋垫的母亲，专注地穿针引线，绣出一片叶子，又绣出一片叶子，到八月，叶子们捧出了一朵朵肉肉的红花，娇小，瘦弱，像一吹即灭的烛火。可是，它们边开边长，从立秋开到霜降；越开越大，由一簇簇小火苗长成一顶顶大红冠。它们站在背风向阳的房前，温暖而热烈的气息爱抚着木讷的院墙，提醒着还在睡觉的小虫儿，极像激情澎湃的乐队指挥家，头发甩动，手指颤动，演者听者皆流露出满满的幸福感。

鸡冠花的美，真叫人惊心动魄。如果要拿一种东西和它相比，那只有母亲做的绣花鞋垫了。鸡冠花肉穗状花序，顶生，上部呈羽毛蓬松状，鸡冠上面有很多浪花状的皱褶，就像风颤动着阳光的翅膀。中下部扁平而肥厚，在红的茎的擎举下，看上去更像一个酒杯，这酒杯由许多干膜状小红花集聚而成。看似一朵鸡冠花，实则生长着上千朵这样的小红花。新芳既绽，旧花不落，就像母亲做的绣花鞋垫，一个花瓣要穿针引线多少次，红线紫线黄线要深入浅出多少米，不仅绣进阳光、鸡鸣、炊烟、风声，还要绣进青春、祈望、血脉、乡音，才能绣出这样的饱满鲜艳？

丝瓜花

朱耿村有许多蔓生蔬菜，开出来的花特别漂亮。夏秋时节，放眼望去，黄色的丝瓜花黄瓜花、白色的葫芦花瓠子花、紫色的扁豆花豇豆花开满了庭院，开满了菜园。庭院里最多的还是丝瓜花。俗话说：东家墙根种丝瓜，西家院里开黄花。开在西邻的黄花以及结出的丝瓜，东家是不会采摘的，即使西邻摘了送来，东家也坚决不收。这是丝丝蔓蔓牵连着的朴素的乡村情意。

丝瓜花是朱耿村开得最高的草本花。和其他蔓生蔬菜一样，丝瓜清楚利用木条、竹竿、院墙等外物的作用，集中心力往上攀援，努力抵达天空的高度，像空中的炊烟开出袅袅婷婷的花。不同的是，朱耿村人喜欢把丝瓜种在庭院里，种在短促的叹息和悠长的鸡鸣之间，在须须蔓蔓的纠缠中晨开暮闭的丝瓜花，日出日落一般温情守护着清香宁静的日子。

用锄头刨几个碗口大、一拳深的坑，每个坑小心地平放种子两三枚，再分别插上木杆。七天以后，第一片嫩嫩绿绿的如婴孩眼神一般的叶破心而出；又十天，丝瓜长到半米多高，细细的瓜蔓甩出一条细细的波浪形的卷须，这卷须犹如猿猴的长臂，抓住木杆，噌噌地爬到了墙头。卷须是丝瓜轻柔的呼吸和敏锐的触觉。院墙边，倘若有一把旧铁锨竖在那里，丝瓜的卷须就心有灵犀地探过去，缠住铁锨的木柄，呼着手掌状的绿叶，引着笑脸一般的黄花，呼啦呼啦地向上爬。丝瓜丝瓜，有了丝丝蔓蔓才能开嫩黄嫩黄的花，结嫩绿嫩绿的瓜。等嫩丝瓜长成老丝瓜，瓜瓤丝丝相连，深情重现着丝瓜走过的路。

丝瓜长至十叶期左右开花，如果不搭棚架，花皱巴巴的，结的瓜也没长相。棚架有平棚和人字架两种，架高两米左右。菜园里多用人字架，架条两两交叉，各交叉处横两三架条，绑牢即可。平棚相当于繁华都市的顶楼露台，目力所及即为诗与远方，花果期黄肥绿瘦，镶金嵌玉，自有一种阔大温润的气场。

搬进新房的那一年，玉米展开第五片叶子，进入定苗期的时候，十多粒圆溜溜、黑乎乎的丝瓜种子住进了我家的庭院。四间红砖瓦房气派亮堂，尤为可喜的是有了一个比打麦场还大的院落。大的院落显得门口的两扇木门瘦骨嶙峋的。在必定会有一个大门楼的位置上，母亲和我用废弃的建房材料搭建了一个豪华版丝瓜棚。两根较长的木头作北端的支撑，南面有敦实沉稳的院墙，棚顶由长短粗细不等的木头组成，交叉处用铁丝拧紧。丝瓜一米高的时候，我们用刀砍了四个一尺长的木头楔子，楔进平棚四角的泥土里，再用铁丝联结着楔子和棚顶，看上去枝枝杈杈、须须蔓蔓的，气场很足。丝瓜还不能上架的。丝瓜上架好比跳高运动员的助跑，降低身体重心，提高爆发力。有了平棚上的蓝天这个目标，我们必须做好的是压蔓，放低丝瓜的姿势，把瓜蔓分段埋入泥土，再睡一个舒舒服服的回笼觉。

八月，长长的丝瓜蔓再次开出了金黄色的花儿。黄瓜开花，扁豆开花，葫芦开花，所有的蔬菜都开花，蔓生蔬菜就像一条条蜿蜒流淌的河流，在迂回曲折中绽放一朵朵美丽的浪花。丝瓜开五瓣的黄花，跟黄瓜的花差不多，都是把喇叭状的黄花举得高高的，有多高举多高，就像鸟儿把翅膀举到白云之上。这是多么自信的一种花，无遮无掩不矫不饰地向蓝天袒露着它们娇嫩的面容。丝瓜黄瓜都是雌雄同株，它们的雄花都有一条花梗，丝瓜花梗要粗壮一些，花梗之前还有一条柞多长的花序梗，丝瓜花要比黄瓜花大得多，有小瓷碟那么大；黄瓜的雄花簇生在叶腋，丝瓜的雄花在总状花序上部灿然开放，宛如一盏盏高擎着的灯，在公鸡挺起大红冠子的一刹那，被太阳的火把点亮了。

丝瓜开的第一朵花是雄花。雄蕊五个，犹如五根细细的火柴棒。这五根火柴棒是神奇的魔法棒，它们施放法术，能让雌花长圆柱状的子房变成又细又长的丝瓜。在种菜人那里，雄花有魔法师、先知者和吹号手的意思。雄花开放，丝瓜要上架了。人骑车爬坡走之字形，节省体力。丝瓜上架也走之字形的成长路线。每隔半米，用麦秸草宽而有度地捆绑瓜蔓和铁丝。这种人工引蔓上架，使得瓜蔓更有竹笛的味道，暖风吹吹，瓜蔓的某个节位开出一朵花，又一个节位开出一朵花，就像打开一个又一个笛孔，鸣奏着清音雅韵。花朵的开放是有声音的，就像春节的鞭炮。一挂两千响的鞭炮中有许多个响声特别大的鞭炮，噼噼啪啪声中不时“嘭”地一声巨响，仿佛小惊喜大惊喜接连不断，那感觉就叫欣喜若狂心花怒放。丝瓜的雌花就是大响声的鞭炮。

为了表现大自然的欢乐，以及保证欢乐基因的传递，丝瓜开出两种花朵。一种着生在较低的节位上，一个节位多达二十朵花，一天开一朵，新鲜的花粉天天有，这是雄花。雌花着生在较高的节位上，一个节位只有一朵。雌花三个黄里透绿的柱头，犹如光溜溜的小脑袋瓜凑到一堆儿，嘀嘀咕咕的。它们在商议什么呢？当然是果实这个大问题。幸好，丝瓜花和我们的想法是一致的。单是靠蜜蜂授粉是不行的。胖嘟嘟的蜜蜂们就像一群顽劣的孩子，它们蛙泳一般扎进一朵花的花心，小脑袋瓜就沾染了一些黄灿灿的花粉。可是，它们贪玩也贪吃，采食花蜜仅仅是因为好吃，绝不是有意给花儿授粉，不能指望它们头顶的花粉准确落到另一朵花的花心。

有人把只开花不结果的花叫“谎花”。我不认为它们是撒谎的花。尤其是我学会了“扣花”，即人工授粉，我觉得，每一朵花都有它们独具的美丽，都有它们的命运和归宿。给丝瓜扣花，先找到雄花，将其折下，把花粉轻轻涂抹在雌花的柱头上。通常一朵雌花要涂抹两三朵雄花的花粉。第二天的时候，雌花的果柄开始弯曲，下垂，在目光不易察觉的花的背后，子房照着丝瓜的样子，悄悄地长了一点点。又十天，丝瓜长得青青嫩嫩的，有半米多长，雌花则在瓜梢萎缩成一撮浅黄，就像女子佩戴的朴素的头饰。

那些摘下的丝瓜花呢？扔了可惜。来个油炸丝瓜花吧。明朝大医生李时珍写的《本草纲目》，其中就提到了丝瓜花，还有嫩叶和卷须：“其花苞及嫩叶、卷须皆可食也。”明朝王子朱橚有一部《救荒本草》，书中说：“不实之花，作蔬更佳。”油炸丝瓜花工艺简单。取一碗面粉、两枚鸡蛋、少许细盐，加水，搅拌均匀。这是铺垫。洗净的丝瓜花犹如生花的妙笔，饱蘸了面糊糊，在烧热的油锅里写着鲜丽而清新的诗句。这种油炸的丝瓜花真好吃呢，有炸麻花的香脆，也有炒丝瓜的鲜嫩，吃着吃着，舌床腮帮都绽放着一朵朵香花。

指甲花

指甲花，凤仙花科草本植物，有单瓣者，有重瓣者。花色有粉红、大红、紫色、粉紫等多种。将捣烂的花瓣和叶子敷在指甲上，指甲色若胭脂，妖娆而妩媚，恍若指端开花，所以是指甲花。朱耿村的女孩儿也叫它女儿花。女孩儿指端的灿烂和内心的丰盈是同步绽放的。指甲花美丽了女孩们的青春芳华。

指甲花八月始花。绒花半遮粉面在高处羞答答地开了，荷花高擎粉碗在浅池娇滴滴地开了，终于迎来指甲花开。八月立秋，时近七夕，多有文人将立秋与七夕同吟共咏。谢迁《七夕立秋》："七夕人间值立秋，斗杓回指火西流。乍闻细雨随风至，顿觉炎埃匝地浮。"秦观《渔家傲》："七夕湖头闲眺望。风烟做出秋模样。"秋模样应该是这样一段美丽时光：一个穿碎花蓝裙的女子，坐在午后庭院的沉静里，低头绣着一朵有枝有叶的五瓣花，一针一线叶舒花开，夏尽秋来。

指甲花就是这样的。它像乡间的清丽女子，在篱边，在河畔，在林缘，生肉质的茎，茎上长狭长瘦削的披针形的叶，叶腋开两三朵清秀的花。指甲花不大，和豌豆花差不多大小，姿态也相似，很像翩然欲飞的蝴蝶。单朵指甲花的花期七天，一株指甲花的花季三个月。

如同足够用力的青春，在短短七天光阴里，指甲花的花瓣里涌动着白、紫、红三种颜色，而且花瓣多有不同，个性独具。初开时，洁白的花朵盛着一些些艳丽的紫。那些紫柔柔的，亮亮的，在花花叶叶的烘托下，就像是少女忧郁而清纯的眼神，让人看了，心尖儿像触电似的麻酥酥地发颤。看着看着，花心里的紫竟然动了起来。这么一说，指甲花更像少女了，芳心颤动，满面飞红。每一朵指甲花都红得娇媚，红得像太阳一样从容自信。

再说花瓣的形状。朱耿村有三瓣的鸢尾、四瓣的连翘、五瓣的桃花、六瓣的萱草。或长圆形，或倒卵形，或轮状排列，或辐射状生长，一朵花的几个花瓣都是一样的容颜，犹如一群在田野里弯腰劳动的女子，那些荆钗布裙的背影宛如一棵树上的许多花瓣，绽放在禾苗的顶端。指甲花偏偏不一样。约略一看，它似有三个花瓣。其实不然，它五个花瓣分了三组。前面的一片花瓣，圆形兜状，叫旗瓣，离生，顶端有小小的花尖。另外四个花瓣两两合生，分列在旗瓣的两翼，称为翼瓣，翼瓣具短短的花柄。单个花瓣看并不出奇，离瓣合瓣组合起来，就有了气场，一朵一朵开得美丽而别致，花形很像展翅欲飞的小鸟，更有人说它像有百鸟之王称号的凤凰，旗瓣是华美的凤头，翼瓣是一对张开的翅膀。更为奇妙的是，有一枚萼片长得像漏斗，和花瓣同色，

尖端发绿，后面有一个细细弯弯的长尾巴，植物学上称此萼片为唇瓣，心物相融的古人视为凤凰的身体和尾巴，凤仙花、金凤花由此得名。吴仁璧《凤仙花》：“香红嫩绿正开时，冷蝶饥蜂两不知。此际最宜何处看，朝阳初上碧梧枝。”仿佛面朝大海看春暖花开，赏花人由香红嫩绿而金凤碧梧，由一朵小花看见一场蓬勃生命的盛大狂欢，这是多么开阔的赏花路径，铺展着生命的波澜壮阔。

由萼片华丽转身的唇瓣不是花瓣，触之有叶片的肥厚感。旗瓣翼瓣柔软而轻薄，半透明，有着丝绸的光泽和柔滑；花瓣里含有天然的红棕色素，可以染发，染指甲，深得女孩子的喜爱。七月凤仙七月凉，织女鹊桥会牛郎。农历七夕节，又称乞巧节、女儿节、七巧节、双七节。指甲花也叫女儿花。银针挑彩线，妙指绣华裳。七夕是少女乞巧、赛巧的重大节日。女儿花是为女儿节而绽放的花朵。女孩子七夕乞巧，必要染甲，以示敬重与虔诚。采摘指甲花是女孩子一年一度的大事。

在女孩们看来，巧真是个好东西。巧有多好呢？种地煮饭穿针引线都离不开这个巧，好女人都叫了巧姑姑巧媳妇巧婆婆。这么一说，巧就像天上的阳光或地上的河流一样不可或缺。巧有很多，巧多不压身，所有美丽的巧、奇妙的巧，都将落在女孩一双会说话的手上。七夕前夕，那一双双手从粗糙的农事和琐碎的家务中抽出来，怀揣着心跳和期许，采七八朵立秋时节红艳艳的指甲花，再摘两三片绿嫩嫩的

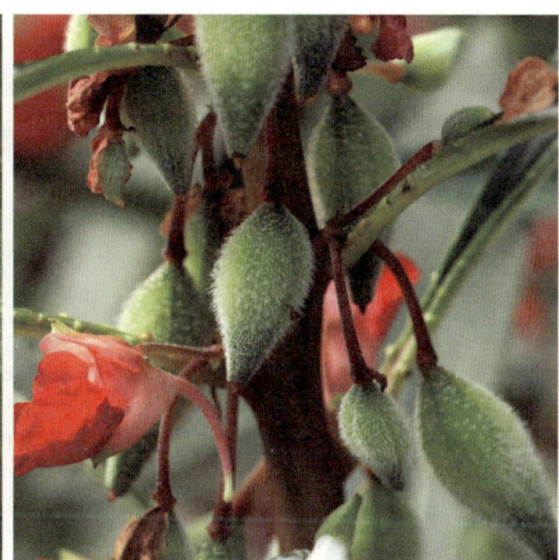

叶。指甲花的叶也好看，细长如桃叶，边缘有细细的锯齿，像是许多天真奇妙的小念头。宽宽的桑叶也要采两片的，扁豆叶、绿豆叶、南瓜叶也可。

指甲花染甲颇费工夫，需要细心的折腾和温柔的把控。染甲者心细手巧，这样才会得到巧的青睐。花柄水分多，花色素少，摘除；叶洗净，一并放入瓷碗里，加少许白矾（用食盐替代也可），用擀面杖的圆头儿轻轻地捣成泥糊状。这糊状物就是《红楼梦》里晴雯所涂的蔻丹，她临终前绞下三寸许的葱管般染了红蔻丹的指甲，交与宝玉，方香消玉殒。白矾或食盐稍稍一多，会夺了花的红，变成黑乎乎的一坨。擀面杖不可抬得过高，太高了，会把天戳一个窟窿的，捣的时候用猛力，指甲花会很疼的，它一疼，就会紧闭心扉，不肯吐露内心的秘密。有聪慧的女孩加少许香灰、烟末，淋几滴香醋，捣出的花泥稠糊状，甜甜的浓香味儿尤为突出。香醋可消炎，又如油漆一般固定花色，使指甲上的花瓣持续红艳，穿越青春，盛开在暮年的回忆里。染甲之前，须先拿剪刀，稍稍刮一刮指甲表面（如今用指甲锉），再用碱性香皂洗净手指，然后用镊子夹取一点花泥，堆在指甲上，五指裹以桑叶，用细细的棉线缠上几圈。整个过程十分的专注和郑重，让人觉得：青春这场盛大的花季须从手指开始，而这样一双红若胭脂润如玉的巧手碰了丝线，丝线翻飞如花；抚了器物，器物光洁似镜；触了男人，男人心柔若水。

清人袁景澜在他的《吴郡岁华纪丽》记录了女孩子染红指甲的美丽场景："夜听金盆捣凤仙，纤纤指甲染红鲜。投针巧验鸳鸯水，绣阁秋风又一年。"十朵近圆形的花瓣在女孩的十指上盛开着，那种鲜嫩嫩晶亮亮的红，明媚又妖娆，衬托着女孩嫩如荑、尖如笋的手。这样的指甲真是太好看了，有诗人比喻为相思豆，尤能撩拨观者的春心："银甲暂教除，染上春纤，一夜深红透。绛点轻濡笼翠袖，数颗相思豆。"这样的一双手要做什么事情？投针巧验鸳鸯水。取井水河水各一瓢，或白天和夜晚的水，倒入一盆，称之鸳鸯水，搁在庭院里晒上一夜一天（七夕白天），水面就会依稀生出一些薄膜状物质。如果浮在水面的缝衣针在盆底的倒影是弯曲的，或者一头粗一头细，只要不是笔直的一条，则得巧，昭示着此女子头脑灵活、双手灵巧，有一套织丝缕为锦绣的软工夫。

于是，在葡萄架下秋虫窸窸窣窣的鸣叫中，在凉如水的夜色的覆盖下，在流萤飞舞、葫芦满枝的庭院里，染了红指甲的女孩手持银针，小心翼翼地走近水盆，虔诚满满地投下乞巧针。七夕节就在女孩们轻掩朱唇、抿嘴而笑的惊喜中来临了。

韭花

在城郊一废弃的厂区，我有一块十步长、三步宽的临时菜地。谷雨前后，播种移苗，埯瓜点豆。我栽了南瓜茄子辣椒，埯了黄瓜豆角扁豆。我还要在巴掌大的地儿秧一畦韭菜。

望着预留的小得让人心疼的空地，相邻种菜的牛叔嘱咐我：你想吃韭花，第一年不能割，要好好养着。我们这里的人习惯把种韭菜叫作“秧韭菜”，或者“养韭菜”。秧韭菜这个叫法好，有时令，有稚态，有一种清新、沽泼的气息在里面，就像孩子们飞离母亲日光的枝头，

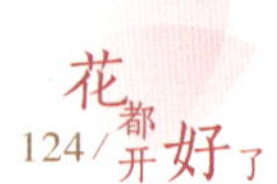

叽叽喳喳地来到阳光照看的幼儿园。追求食物的天然和美味的宋朝人也说秧韭菜：“春来非是爱吟诗，诗是田园乘兴时。得暇分畦秧韭菜，趁晴樊圃树棠梨。”（陈舜道《春日田园杂兴十首》）如今，我觉得，养韭菜更有一种情感的温度，像养闺女一样日久天长地呵护着，和它一颗一颗数星星，一片一片数雪花。

“天上小星星，地上小青青。青青看星星，星星亮晶晶。”地上，青青的韭菜也像娇小玲珑的女孩。韭叶似小麦叶，长条形，韭叶中间略厚，两边薄，触之滑润如脂。这样的七八片叶子从根部向上生长，可是，它们太细长太柔嫩，稍稍长高一些，就向外又往下旋出美丽的弧线，宛若小小的喷泉。我采取干籽直播，施的底肥是用豆饼渣配制的飘着酱香味的茶褐色饼肥，用锄头开的穴又深，根深扎了一寸，幼苗晚出了几天。和邻近的辣椒棵茄子秧相比，韭菜芽细细瘦瘦的，像

绣花针，像一声声细细弱弱的啜泣。这看起来，韭菜一出苗，就是让人心尖儿生疼的那种。

不管种什么蔬菜，都要养根。有根才有花，有花才有果。根是花花果果的信心。蔬菜和人一样，最怕的是没了信心。培植韭菜，养根最重要，尤其是第一年，长得再水嫩也不能割食，以免伤根。草木灰水必不可少，养根壮苗杀蛆，隔半月二十天喷一次。草木灰是从城郊的农户讨要的，和水混合以后，均匀地喷在叶面上。奇异的是，两三天的工夫，韭菜变得更加青翠碧绿了，就好像给施了魔法，蓬头垢面地受了难，说一声变，青蛙变王子。喷一次草木灰水，韭菜就新绿一次，这样喷下去，会把蓝天染绿的，好在第二年可以不断地收割。

第二年春，韭菜长出七叶一心，可割，谓之头刀韭，其后，每十五天可割一次。七叶一心，为七片成叶、第八片刚刚冒出嫩芽的生

长状态。割了韭菜的嫩叶，才有更多的嫩叶绿得像小河淌水一样新鲜活泼。立秋的时候，一根根嫩绿的苔茎从叶丛中站了起来，茎叶同色，苔茎不怎么显眼。白露过后，可就不一样了。小如米粒、状若鸡心的花骨朵儿舒张为一簇簇碎银似的小白花，其下是细长的苔茎，这情形像极了许多小姑娘在叽叽喳喳地说话，微风中，一张张白皙温润的小脸顽皮地闪现。

韭菜开花，看上去特别热闹。往往是，一个花苞打开二三十个小花苞，每一个小花苞打开伞状的六瓣小花，每一瓣花莹白纯净，如夜空的点点繁星，又如早晨的白露凝而不散。韭菜们热烈地举着一支支白色的火把，秋风吹吹，白色的火星子噼噼啪啪地燃烧着，韭花的香气犹如大朵大朵的花瓣在空中噼噼啪啪地炸响着。这情形是热闹的，欢腾的，宛若分布四海八荒的亲人经历了耐心的折腾、艰苦的搬运和焦灼的期待，终于迎来这幸福的欢聚。

关于韭花的诗文，广为传颂的还是五代书家杨凝式的“当一叶报秋之初，乃韭花逞味之始”吧。大自然的钟声如此响亮，秋叶的坠落声唤醒韭花的绽放。叶落花开，大自然有一颗宽厚仁慈之心，总是馈赠季节的最美味。秋日午睡初醒，整个人尚处于未开机状态，腹肠无食，启动时辘辘作响，恰好软嫩的羊肉已煮在锅里，友人送来的韭花正香气飘飘。杨用韭花蘸了羊肉吃，吃了韭花，提笔写了《韭花帖》。淡墨行楷写在一张微黄的宣纸上，洒脱自然，如同散落在秋日田野上的牲畜。

杨凝式吃的是炒韭花，还是腌韭花，我们无从得知。但我们的味蕾可以作证：韭花酱与鲜羊肉同食，为绝配美味。东汉崔寔《四民月令》：“八月收韭菁，作捣齑。”齑是一种菜肴，汉朝人制齑的工序极为讲究。他们把采来的韭菁（韭花）洗净了，搁在大麻石做成的圆口石臼中，用上粗下细的圆柱状石杵捣碎成泥状，再加花椒、食盐、味精等拌和而成。

韭菜用刀具收割，韭花用手采收。采韭花时，手搭在韭花上，用指甲轻轻掐断苔茎，一团亮晶晶的小星星便软软地落在手心。以我的采食经验来看，花苞形似鸡心时，苔茎娇嫩无比，切成寸段，连同花苞以猪肉丝爆炒，鲜香无敌；韭花六瓣初绽，花香乍露，在蜜蜂未曾光顾的早晨采摘，去除梗和叶，以洁白干净的花尖磨酱，韭花味儿香得要命，但辣味不足，让人惊奇的是，白的韭花磨成酱后却变成鲜嫩的绿，就像一个人流浪半生回到生命初始之地，韭花以复归于婴儿的走向诠释了人生适得其所的最美结局。韭花以半籽半花者为最佳，青籽青嫩，白花白嫩，青白相间，香辣适中。为了提升香辣的高度，我给韭花配了香蕉、苹果、鲜姜和辣椒。韭花去梗，洗净，用石臼捣为茸。选皮薄肉厚籽少的鲜辣椒，去籽去蒂，与姜片一并剁细。苹果去皮去核，切块，香蕉剥皮，用擀面杖擀压二者成浆，盛在瓦罐里，密封一些时日，成品鲜香浓郁，细腻无渣，最让人叫绝的是，辣椒苹果等不掩韭花的香辣味儿。

庄稼的花、蔬菜的花大都不起眼。勤恳劳作的农民都视它们的花为咿呀学语的婴孩，希望它们尽快摆脱稚嫩的童年，步入果实的成熟期。韭花和其他蔬菜的花一样，朴素，瘦小，但它有一种魅力，让我们静静地欣赏、细细地品味。韭花盛开在白露时节，韭花酱可吃到小寒大寒。真是苍天悯人。天寒地冻，蔬菜短缺，韭花有生津开胃、补气暖身、固涩提神的功效，恰好迎合了北方人的身体需要。大冬天吃朝天锅，尤其是涮羊肉，搭配韭花酱，是北方食俗的一大特色。

韭菜为百合科多年生草本植物，又叫懒人菜、长生韭，一次种植，常年收获。从韭叶、韭苔到韭花、嫩果（成熟果实可入药），韭菜的茎叶花果均是美味，这真是植物世界的一个传奇。“韭菜两头儿鲜”，指的是春韭和立秋以后的头刀儿韭，还有夏天的嫩苔茎，冬天的韭花酱，韭菜就这样与北方的四季完美契合，用它的清鲜而又香辣的滋味，温情脉脉地抚慰着大地和人心。

夹竹桃

搬进新房的那一年，我在院子里养了许多的花，有鸡冠花、指甲花、一串红、喇叭花、马齿苋、蒲公英、夹竹桃等等。鸡冠花、指甲花、一串红是向别人讨要的种子。喇叭花、马齿苋、蒲公英是从打的猪草里挑出的有根的野花。唯独夹竹桃，是和锅碗瓢盆一起从旧房搬来的。砌一眼灶，埋下一口锅，屋顶盛开一朵炊烟的花。挖一个坑，移栽一枝花，剩下的事情是扎根结果。

夹竹桃是奶奶扦插成活的。如果你生活在二十世纪七八十年代的

乡村，譬如我的故乡，鲁中平原的一个灰墙土瓦的村庄，你一定目睹了红艳艳的夹竹桃开满长街短巷的盛景。“门前种棵夹竹桃，一家和睦不怕调。”奶奶抱着不满周岁的父亲改嫁到东朱耿，迎接她的是村道两侧的夹竹桃。有一年春天，奶奶剪了几根夹竹桃的枝条，插在一个废旧的脸盆里，盆里盛满松针土和晒干后砸碎的塘泥。盆里的夹竹桃长大以后，她就移栽在老宅的庭院里，而家里一旦又有破损漏水的脸盆，她就颠着小脚忙着剪枝挖土浇水。二叔长到结婚的年龄，父亲搬出老宅，挈妇将雏，独立门户。除了一些简单的生活器具，父亲还带走了奶奶盆栽的夹竹桃。我们一家人一开始住的是租赁房，过了两年，有孙姓人家举家去了东北，父亲买下了他的旧房，我们和那盆夹竹桃就住了进去。

留存下来的有关夹竹桃的场景里总有一个佝偻而忙碌的身影。我家的新房和郝姓二叔的新房一墙之隔。两家轮流抚养奶奶，其实是奶奶做出的决定。我们这里五天一个大集，每逢集日，她就轮转到另一个儿子家。用奶奶的话说，逢四排九赶大集，好记；五天一轮，农忙时都能搭把手。

记忆里的夹竹桃开得很大很艳，五个大花瓣向上展开成漏斗状，如桃花一般艳丽，却比桃花大一些，有玫瑰花那么大；树下有几只老母鸡在刨食，爪子朝前急急地刨几下，又伸出尖尖的嘴巴不停地摩擦着刨出的小土坑，看那样子，非把小尖嘴磨成细细的绣花针不可。奶奶颠着小脚忙来忙去，她往猪槽加料，她去草垛抱柴，走起路来像铁镐开采荒地一样，细碎而紧凑。只要家务活一忙完，奶奶就盘腿坐在蒲团上，眼睛微闭，嘴唇翕张着，念佛。奶奶细若蚊蝇、软如棉花的声音在院子里飘来飘去。院子里的夹竹桃开花了。鸡冠花也开花了。指甲花也开花了。我恍惚觉得，是奶奶的念佛声落在草茎，落在花枝，绽放为美丽的花朵。

我家住进新房的第一个秋天，地里洁白的棉花大朵大朵地开着，院墙上晒满了金黄金黄的玉米棒。玉米从地里运回家，剥皮的时候在玉米底部留两三片柔韧的玉米皮，玉米两两相系，挂在灰黄的墙头上格外金黄夺目，就像铺了一层漂亮气派的鱼鳞瓦。西墙根的一串红像一串串噼啪炸响的爆竹。鸡冠花则如公鸡打鸣一样，把一身的才华和光焰都呈现在接近天空的高度。东墙边的夹竹桃真是独特。首先是它的枝叶。叶深绿，窄披针形，纷披如竹叶。枝条灰绿色，奇妙的是，它顶部的嫩枝一长就长出三条小枝，就像舞台的幕布徐徐拉开。再说它的花。花苞细细尖尖的，有些织布梭的样子，阳光的红线和枝叶的绿线经纬交织，一梭一梭织出一树繁花。更为惊奇的是，夹竹桃的飘落不像桃花梨花杏花那样一瓣一瓣的落下，如碎裂的泪滴；夹竹桃是整朵花落地，瓣瓣生死相依，落地三两天犹饱满红艳，一如新鲜红润的初开时光。

夹竹桃花量大，花期长，从芒种开到霜降。花开的那些时日，奶奶格外忙碌，好像夏耘夏收秋获秋播的枝条疯长，奶奶的烧水做饭洗衣喂鸡都是枝条上密密匝匝的花朵。那些时日，奶奶的唠叨也特别多。夹竹桃的花枝，不要折，有毒；新麦馒头，不要吃第一口，要先请去世的亲人尝尝；湾塘河渠水多，不要去；瓷碗摆供月的月饼鲜果，不洁不行；树上的柿子不要摘掉，要留几个给鸟儿吃。那时，我有很多很傻很天真的问题。我喜欢和奶奶聊这些问题。让我深深记得的是，奶奶明明知道一些问题的答案，却声情并茂地给我讲了一些有时间、有地点、有氛围、有场景的故事。譬如：我是从哪里来的？奶奶说，大冬天，父亲到洪沟河那里拾干柴，从冷飕飕的桥洞里把我捡来的。奶奶、父亲、母亲去世以后，都埋在了洪沟河南岸的墓地。每次返乡上坟，经过洪沟河大桥的时候，我总是停留一些时间，让冷的风刮跑了热的泪，再去叩拜我的直系血亲。

夹竹桃为什么叫夹竹桃呢？奶奶说，女孩桃爱上了男孩竹，桃家人极力反对，二人殉情自杀，葬在一起，他们的墓地上长出了一种长叶似竹、花色如桃的植物，人们都叫它夹竹桃。

诚然，奶奶给我的答案并非现实的真实，却真实地在我的心中生枝发叶，搭建宽广的树冠。许多年以来，我在现实的困顿里左冲右突，在虚构的世界中驰骋纵横。我的身体里住着一个很傻很天真的小男孩，小男孩旁边是坐在蒲团上轻声念佛的奶奶，院子里的夹竹桃开得正欢，犹如灶膛里的干柴噼噼啪啪地燃烧，又像许多雀鸟挤在枝头上叽叽喳喳地喊叫。

继续说说夹竹桃的名字吧。读归有光《房东夹竹桃花》：“奇卉来异境，粲粲敷红英。芳姿受命独，奚假桃竹名。”红英灿烂，长叶婆娑，那么美的奇花异卉，有着那么绵长的花期，“奚假桃竹名”，何必借助主流花木的光芒呢？这名字和奶奶的名讳郝赵氏有一些相似。丈夫英年早逝，幼子嗷嗷待哺，奶奶无奈地将自己残损的青春嫁接在郝姓人家的枝条上，又为郝家热血沸腾地生养了两男两女（一男夭折），奶奶的名字也叫了郝赵氏。

奶奶这一代的农村女人，大都有姓无名（乳名是有的），出嫁了改随夫姓，已婚妇女有两个姓氏。娘家长辈也不再称呼已婚妇女的乳名，而以夫家的村庄称之，似乎一个女子背负着一个村庄的宗族、风俗、仪式、香火、三餐、四季、五谷、六畜等等。

“昔来此花前，时闻步履声。今日花自好，兹人已远行。”归有光的诗中站着一个人，恍惚中觉得，那是我的奶奶。因为亲人的在场，一草一木都有着宽厚的情意，绵延不绝地容纳滋养着我们的心灵。

桂花

月待圆时花正好，花将残后月还亏。月亮，是开在天空的花朵。星星是围着月亮转的小蜜蜂。月亮开花是由娇小到饱满的。起初，是一个细长细长的花瓣儿，有些菊瓣的样子。过了十多天，月牙样的花瓣慢慢长成了圆盘状，像大朵的荷花开在天空的海。

天上的月亮长花瓣的时候，地上的桂花也喷出了小黄米。桂花开花不像月亮开花那样显眼。桂花也开在高处，等黄褐色的小枝繁密如织，等大枝小枝上的新叶绿得像擦过油似的，桂花才在叶腋那里羞答答地开了。桂花的花苞是粒粒小黄米，桂花开花是膨化的黄米花。单看一朵有些娇小可人，四个小花瓣抱着一粒粒淡黄色的花蕊，满树看去，簇簇繁花被层层绿叶掩映着，分外莹润金黄。

秋收、秋播、秋管，大人们忙秋忙得脚后跟直打后脑勺，不一定顾得上往桂树枝头细看，桂花开花的消息首先是秋九月的月亮发布的，月光由淡入浓，桂花由疏至密，仿佛瓣瓣月光夜夜飘落，落在桂花树上，开成一树繁花。其次，桂花它有脚呀，香气就是桂花的脚。桂花的脚步有多远，听听桂花歌就知道了："开出那个小花金黄黄，有风香十里，无风十里香，香了月亮香太阳。"

桂花未花时有些像小叶女贞，开了花也显叶不显花，可是，村子里的空气就不一样了。就像煮猪头肉开了锅，咕噜咕噜地响，锅盖一掀，香气就一轱辘一轱辘地往街上跑，塞满了大街小巷。最先闻到桂花香

气的，是那些颠儿着屁股跑来跑去的小狗。面对这种突如其来的幸福，小狗们有些小惶恐，它们拿鼻子蹭了一下地，又用爪子挠了两下耳朵，然后朝鸡鸣的方向汪汪叫了几声，向村里村外宣布了一件重大的事情。鸡鸣的方向空气清冽如泉。狗们这么一叫呢，枝叶喧哗，炊烟四起，显得天地大都热闹而拥挤了，更为美妙的是，一轮明月爬上了树梢。这可是中秋之月。它从缺到圆，就像慢慢积蓄的一种情绪，成为异乡人腮边未落的一滴清泪，或者，归乡人双手捧着的一枚月饼。

“皎皎秋空八月圆，嫦娥端正桂枝鲜。”每一种有美丽传说的花草都别具神韵。桂花的传说当然和月亮有关。地上的桂花开在月光里，天上的桂花开在月亮里。仿佛一场盛大的花事，月光满世界遍洒，桂花开满天上人间，就像古诗里呈现的美丽场景：“偃蹇月中桂，结根依青天。天风绕月起，吹子下人间。”还有唐人皮日休中秋夜在天竺

寺大殿前捡拾的带露的桂花和诗句："玉颗珊珊下月轮，殿前拾得露华新。至今不会天中事，应是嫦娥掷与人。"

和芦苇丛生、野鸟集聚的湾塘一样，在月亮上生长着的桂花更能吸引那些天真的孩子。我想，那些古诗人小时候听过嫦娥奔月的故事吧。多年以来，我以为像老母鸡一样孵出许多故事的老奶奶是乡村月夜的必备人物，当然，坐着蒲团的老奶奶旁边，还有一个托着香腮、看着月亮发呆的小女孩，小女孩旁边卧着一只似睡非睡的小花猫。嫦娥、玉兔、桂花树，相伴着洁白的月光从天而降，弥散着桂花的芳香，沐浴着乡村女童圆圆的、白白的、如满月的脸。女孩的村庄桂花盛开，许多叫桂花或兰花的女孩茁壮生长。

我不知道认识的第一种花是什么花了。我知道的第一种天上人间同步绽放的花是桂花。月亮里有棵桂花树，玉兔姑娘树下住，是奶奶

告诉我的。我喊她奶奶的时候，她已经老了，老成满脸树皮，老成许多人的奶奶。她半生坎坷，三十丧夫，携幼子改嫁邻村，又丧夫，前前后后生养七个子女，夭折了两个。讲述奶奶经历的是我的父亲，父亲的讲述多半来自几位本家爷爷的讲述。如今，他们俱不在人世了。奶奶在世时从来没有说过。她最喜欢的业余生活是念佛。她细若蚊蝇的声音响过一阵，就停一会儿，我以为她念累了，她说，她用包袱包她念的佛呢，再把一包袱一包袱的佛语放在南山的山洞里，她走的时候带着它们，一起上天堂。我的村庄以南是麦田和麦田簇拥着的村庄，但是，那里有一座奶奶的南山，在云影徘徊处、鸟声清幽地。如同，顺着奶奶的视线和她诚恳的描述，我看见了月亮里的玉兔和桂花树。那时候，我父母起早贪黑，在泥土里刨食，恨不得土块都长成白花花的大馒头，哪有时间照看我？年迈的奶奶领着我走进许多奇妙的故事情境之中，开满桂花的月亮，喜鹊云集的银河。

那些年，人们生活极为清苦，采树叶，挖野菜，但求食能果腹。奶奶的存在，消解着那个时代的粗粝和艰难。这种消解不是遮盖，而是一种态度，认真生活的态度，在贫瘠和艰难中活得有滋有味的一种努力。她带我认识了神话的月亮，在短促的叹息和低矮的院墙之上花香飘飘的月亮。她保存香气的做法，来自她的日常生活经验和对美味的想象。比如奶奶做的桂花月饼。饼馅是瓜干面，用油拌了，再撒入朵朵桂花和粒粒芝麻。没有冰糖，奶奶就把人家办喜事给的水果糖用锤子敲碎了，充实到饼馅里。面，是瓜干面和荞麦面，面面相对，心心相知。二者加温水拌匀，揉成面团，分成大小相同的小剂子，包入饼馅，团成圆形，用月饼卡子压成型，奶奶又撒上了几朵桂花点缀，入锅蒸熟以后，深褐色的月饼上盛开着朵朵金黄的桂花，散发着迷人的芬芳。看着奶奶分发桂花月饼的小孩子一般高兴的样子，我觉得，夜晚的空气也是香酥酥甜腻腻的。

奶奶生平一大憾事，就是临终前没看见她的孙媳妇。她去世二年以后，我结婚了，又有了一个温顺可爱如小白兔一般的女儿。女儿两岁的时候，我开始教她背古诗。譬如，指着天上的月亮教她背："不是人间种，移从月中来。广寒香一点，吹得满山开。"也给她买了影碟机学习机，看童话，听儿歌。朝鲜童谣《小白船》是其中的一首："蓝蓝的天空银河里，有只小白船。船上有棵桂花树，白兔在游玩。"幼小的女儿看见天上的小白船，开心得不得了，两只白白嫩嫩的小手对着天空比比画画。

2020 年春天，新冠肺炎疫情爆发，千家万户宅家抗疫，女儿的大学假期也延长了。女儿高考蟾宫折桂，进入百年名校南开大学研习文学。我和她聊天，聊着聊着，就聊到了小白船和桂花树。在我值班的小区有一片桂花树，叶子比冬青叶还要青翠，小区的老人满怀向往地说，秋天的时候，桂花开花，满街巷都香喷喷的，人打饱嗝都带着桂花的香味儿。还记得《小白船》吗？旋律摇曳荡漾，优美舒展。其实，词曲作者尹克荣当时的内心是忧伤的、痛苦的，朝鲜的鲜明朝日已被日寇铁蹄卷起的尘埃遮盖；作者的目光却是温热的，他看见了天空之上可爱的小白船和飘香的桂花树。

菊花

采菊饮酒，一个“采”字，显示出了悠然恬淡；一个“饮”字，则助力灵魂挣脱凡俗的肉身，实现自由的飞升。

古诗中的采桑女采莲女，采的是衣食所需。北山树桑，南水生莲。耕种是繁杂而又艰辛的，是“汗滴禾下土”，而采摘嫩叶鲜果有些苦尽甘来的味道。田田桑叶亭亭莲花铺展着北山南水的宏阔之境和繁育之美。

采菊饮酒的始发地东晋的东篱，有诗歌为证：“采菊东篱下，悠

然见南山。山气日夕佳，飞鸟相与还。”（陶渊明《饮酒》）。东晋是一个沉闷干燥的季节，东篱是唯一的清新明丽的花园。从世俗中拾起身影的诗人一边采菊，一边眺望南山。在繁忙紧张窘迫的当下，“南山”这个频频出现于《诗经》的词语凸显着它“诗与远方”的意义。菊花悠然，飞鸟散淡，二者互为倒影，都是诗人山居的同伴。菊花灿灿，鸟声关关。鸟声仿佛舒张的花瓣，丝丝缕缕地伸向南山。

菊花入画始于五代，后世画菊者极少，画梅绘兰写竹者颇多。吴昌硕先生极爱菊花。他的《东篱秋菊》笔墨放纵，菊叶似掌，侧锋写，阔笔横扫如大匠运斤，待墨色将干未干时，复以浓墨勾筋，笔法疾劲粗放，观之雄健古拙，有隶书的粗简，也有草书的狂逸。吴氏菊花，花瓣劲如竹叶，赭石填色，勾描涂染，大团色彩是一种阔大的抒情，是内心激情的奔腾不息；篱笆稀疏而明朗，背景再无他物，给人以悠远超然之感。

在传统文人的认知里，菊花遍地开，东篱最高洁。陶渊明的东篱是抵挡喧嚣浮世的一道屏障，最后的精神领地。以花喻人，兰为幽人，菊为高人。屈原《九歌·礼魂》：“春兰兮秋菊，长无绝兮终古。”大地以绵延不绝的花朵为我们建造色彩和香气的无限宇宙。春日看花，看色彩，世间最美丽的色彩都在花儿那里出现了。夏天的花儿重在花形，荷花葵花昙花凌霄蜀葵木槿大都硕大饱满，与盛大踊跃的夏天相配。秋花看的是气场，是神韵。譬如菊花，春日枝芽生发，褐绿色的枝不断地集聚淡绿色的叶，仿佛漫长的沉寂的生活，等待秋天的黄花来升华，就像杜丽娘在《牡丹亭》里的那慢回首低沉吟的缠绵咏叹：“恰便是花似人心向好处牵。”

百花凋零菊花开。朴素的枝叶簇拥着华丽的花朵，在瑟瑟西风里，在飒飒寒霜中；而叶干枯了不衰落，花槁败了不凋谢。这样的植物无疑是魏晋高人隐逸生活的首选。他们从弱肉强食、尔虞我诈的名利场上退却，来到秋菊灼灼的东篱。高人看见菊花的同时，也看见自己的影子如菊花花瓣一样在蛋黄色的阳光下自由舒展，身入化境，接收毫无尘滓的花草的丝丝美色和缕缕天香。何况，菊叶可生食，菊花可做糕，根实可入药，更有菊花茶让人浅酌低吟，菊花酒让人浓睡酣眠。

重阳节有饮菊花酒的习俗。西汉刘歆《西京杂记》：“菊花舒时，并采茎叶，杂黍米酿之，至来年九月九日始熟，就饮焉，故谓之菊花酒。”今年重阳，喝的是去秋采的菊酿成的酒。今秋的菊花开在东篱，去秋的菊花开在杯盏。今秋的菊花是清香的，细品可辨，内中有阳光的芳香，有露珠的清甜，也有鸟鸣的脆嫩。去秋的菊花，味道绵甜醇厚，菊花（还有茎叶）和糯米在曲霉的撮合下，上演了一出相见欢，如胶似漆，彼此融合，造就了世间最美好的味道。篱边菊和杯中菊的相遇，就叫重阳吧。

重阳有一些很有趣儿的习俗。辞青，和青色深情告别，相约明年清明踏青。晒秋，高树场院墙头路边簸箕竹席都是晒场，都是辣椒玉米黄豆皇菊的朋友圈，晒的是底气，晒出一片金灿灿。登高，在高处远望，天地那么大，人世那么小，人在这样的境界里，无论如何少不了菊花酒。重阳祭天祭祖，欢庆丰收，也要有菊花酒营造气氛的。“齐山置酒菊花开，秋浦闻猿江上哀。”“聒天笳鼓，记茱萸、漫下菊花酒。淮水东来渺渺，夕阳西去悠悠。”登高赏菊，抚今思昔，慷慨悲歌，菊花酒是在场的。

九百年前的一个重阳，李清照“东篱把酒黄昏后”，写下了她一生中最美的词，其中有这么几句：“莫道不销魂，帘卷西风，人比黄花瘦。”菊花酒里的菊花采自青州的归来堂，女词人的居所。归来堂的得名，源于陶渊明的一首清新恬静的诗歌《归去来兮辞》。那年金秋十月，去古城青州看了古街，又看归来堂的菊花。彼时是上午，阳光清澈，洋河澄澈，云门明澈，归来堂宛如一株傲然挺拔的菊，在那一瞬间粲然盛开，有暗香盈袖。遥想大宋年间的某个清晨，那个提篮采菊的女子，采下一朵朵娇艳的黄花，她的花篮成了一个流动的花园，她的裙裾被露珠打成了美丽的水帘，至于“帘卷西风”，那是下一个重阳的故事。

归来堂的西南是鲁中名山云门山。“秋菊有佳色，浥露掇其英。”“秋丛绕舍似陶家，遍绕篱边日渐斜。”李清照如同住在陶氏的隔壁聆听秋菊绽放的声音。菊花种类繁多，黄菊白菊粉菊红菊绿菊墨菊紫菊五彩纷呈，古文人反复咏叹的还是那种倚着篱笆生长的野菊花。在归来堂看菊花，虽不是女词人采撷的那一丛，还是有些恍惚，觉得漫步在宋朝的花径。菊花，头状花序，一朵朵的花像一个个绒球，簇生在枝叶的上端。如女王的水波纹卷发一样迷人的花瓣向外舒展，又往里弯卷，每一瓣都各呈其姿，每一朵都和合共荣。秋风吹了珠帘，吹了菊花，花萼徐动，如羽扇轻摇，摇动了花上的秋露，如同涓涓泪水悄悄滑落。“人比黄花瘦”，李清照对着她的秋菊喃喃地说，所有的花朵收紧了它们纤细柔婉缱绻的花瓣。

“人比黄花瘦”终敌不过“泛此忘忧物”的超然。“问君何能尔？

心远地自偏。”如同一株遵从自然秩序的植物，陶渊明是笃定的、安静的，他听从内心的指引，尘世的繁华喧闹，不过是窗外的一抹浮云。陶渊明的《饮酒二十首》有道法自然的意识。道就在自然万物里，从植物的花开花落中领悟生命的本然状态，从修齐治平回到顺应自然、乐天安命。“造物无言却有情，每于寒尽觉春生。”这个“觉”是人的觉醒，意识到人是自然秩序的一环，人的栖居与天地万物休戚相关。

陶渊明采菊饮酒，陶然自乐。李清照东篱把酒，感花伤己。人都具有被抛性，我们总是被抛给一个实在的生活现场，只能在特定领域内选择某种可能的生存方式。李清照自号“易安居士”，致敬东篱采菊人，她渴望超然物外。当菊花盛开，她顾影自怜，忧伤像菊花的花瓣一样四处蔓延，无法排遣，“归来堂”更像是一个等爱的女子的内心呢喃。

结庐在人境，我心安处是东篱。人在尘世，市声喧嚣如潮，烦忧如丝缠绕，很多时候需要一种东篱这样的处所来搭救；或者登高，烦忧琐碎都在脚下。用画笔呈现一个人的东篱，笔端菊花开，如吴昌硕，东篱存在于丰盈的内心。“江涵秋影雁初飞，与客携壶上翠微。”唐人杜牧作登高诗，开篇有大视野，也有真旷达：江涵秋影，俯有所思；新雁初飞，仰有所见。在高处，人可以如此的酣畅豪华，挣脱俗世束缚，得醉即醉，菊花不插满头，不归去。

木芙蓉

我在乡下教书那会儿，看露天电影《芙蓉镇》，迷上了“芙蓉姐”胡玉音和那个美丽的湘西边陲小镇。

狭长半岛似的小镇的湖塘里种满了水芙蓉，绿豆色的芙蓉河的岸边栽满了木芙蓉。出水芙蓉既谢，照水芙蓉继开，二者呈现着湘西小镇的风物和风华，延续着那方水土的温柔和灵秀。胡玉音的米豆腐店前就有一些木芙蓉，掌状的叶子在风中温情地抚摸着斑驳树影。后来，每每看见木芙蓉繁花朵朵，就想起胡玉音（刘晓庆饰）美若芙蓉的脸。

她的脸在黑褐色木质吊脚楼和青灰色石墙的烘托下异常妩媚。在光与影的重复叙述中，她右手托腮发呆的样子异常柔美。

在原著作者古华的深情描述中，胡玉音犹如一朵鲜妍清丽的荷花，她的微笑含着温柔，她的嗓音像唱歌一样好听。她的成长更像一株凌寒不凋的木芙蓉。批斗、摧残、凌辱宛若天降寒霜，“千林扫作一番黄”，胡玉音像牲口那样低贱而顽强地活着，坚韧地应对生活的残酷与不公，覆盆之冤终得昭雪，米豆腐店重新开张，米豆腐的色泽尤为鲜亮，口感甚为软嫩，香味更为诱人。

木芙蓉是锦葵科落叶乔木，又名木莲、地芙蓉、拒霜花、醉芙蓉等，株高可达五米，宜植池岸，譬如三面环水的芙蓉镇，花影入水，潋滟生辉；瘠薄之地亦坚韧生长。木芙蓉的众多别名犹如长裙、短袖、风衣、旗袍等不同服装，呈现着它的多彩多姿的生活。

“木莲”和“地芙蓉”这两个名字包含着人们所赞美的水中莲花的娇艳清雅，以及木本植物在陆地上创造和积累的幸福之花的繁茂饱满，后者的花瓣由古银器和红水晶打磨而成，在谦逊的广场、和蔼的水畔闪着夺目的光辉。关于拒霜花，最为出彩的解读当数苏轼的两句诗：“唤作拒霜犹未称，看来却是最宜霜。”木芙蓉开花的时令是霜降前后。一朵芙蓉花的开放也就一两天时间，一树的芙蓉花且落且开，花期长达两个月。寒霜如同苦难，如同欺凌，是摧残生命的利器；也可同这种冷漠力量作斗争，使其变成成长需要的营养。秋霜肃杀，众花凋零，木芙蓉的遭际恰似那些命途多舛的人，孤花难免愁红怨绿，但最终选择了独倚寒秋，在皑皑白霜里谨慎而坚定地打开它的形似蝶翅、艳若菡萏的花瓣。拒霜，也宜霜，洁净的花朵与澄净的霜天融为一色，成就深秋的旷达之美。。

芙蓉花有多美，细细品味“醉芙蓉”这个名字就知道了。南宋诗人洪迈：“春风醉香骨，绰约不自持。”春风似酒浓，多么销魂蚀骨，醉得春花娇弱无力。同样是花朵沉醉的故事，“醉芙蓉”显得更为优雅端庄。诗里的春花像个情窦初开的花季少女，被突如其来的浪漫给击倒了。“醉芙蓉”的“醉”是颜色的变化，是植物的智慧之美在鲜艳的花朵那里得到的确立和延展。

木芙蓉的花蕾形似灯笼草的果实，五枚绿色的萼片围拢成圆球形，花蕾的先端又尖又细，犹如拱破土层的嫩绿的幼芽一样清新，又如圆圆的晨露在太阳的照耀下散射的光线一样纯净，还如一位噘着小嘴揣着剧烈心跳的女生，期待着她芬芳的初吻被阳光珍藏。许多植物的花蕾虽说模样相像，但每一种花蕾的盛开都与众不同。木芙蓉先是花蕾顶部裂开五条小缝儿，犹如悬崖峭壁上五条惊心动魄的小道；然后，小缝儿如小溪流越流越宽，汇流成一个圆形的湖。

芙蓉花形似牡丹，花型有单瓣、复瓣之别，花色有红、白二种。“醉芙蓉”是复瓣花，丰满鲜丽，仿佛比青还青的青春，恣意地展现它的天才和奇迹。露珠初醒的清晨，芙蓉花开了，一瓣一瓣均是洁净的白，如同清晨一般静谧而明亮，那白色是从昨夜的月光和婴儿的梦呓中提取而来的，而婴儿刚从香香的睡梦中醒来。就像一些神话所描绘的那样，在与太阳的深情对视中，芙蓉花神奇地变为浅红色，到了下午，颜色深红，尤为绚丽。芙蓉由白变红，不像女子化妆，女子化妆需要一层水乳一层粉底一层散粉地往上涂，好似用涂料抹墙皮。芙蓉的变化是由内向外的，好比一位浅酌的女子，酒入衷肠，“两朵桃花脸上来”，它守护着内心的光焰，既有一种不胜凉风的娇羞，又有一种热情似火的奔放。从科学上说，光照由弱到强，引起花瓣内花青素浓度的变化，芙蓉花“晓妆如玉暮如霞”。文人细腻敏感，觉得芙蓉如醉美人，越看越有味儿，看得人骨头发痒心尖发颤。王安石《木芙蓉》：“水边无数木芙蓉，露染胭脂色未浓。正似美人初醉着，强抬青镜欲妆慵。”芙蓉非醉，醉了的是天真执拗的看花人。

在古文人的审美理想里，木芙蓉临水而生，凌霜而开，独殿众芳。玉水和秋霜对立而和谐在木芙蓉的生命里，造就了木芙蓉清雅孤傲的

气质。读历代咏花诗词，发现唐代以前的作品所述芙蓉多指荷花，唐代以降，木芙蓉借用了荷花的别名而流传开来。诗词歌赋大都褒扬木芙蓉凌寒傲霜的盛放之美，罕见提及它的落英。桃花樱花荷花桂花梅花都是瓣瓣飘落的，宛如碎了一地的少女心。菊花残蕊抱枝枯，末路文人的精神慰藉。芙蓉花枯萎之时，先是慢慢收拢了自己的花瓣，就像一个人复归于婴儿，芙蓉花回到花蕾的模样，然后，安静地飘落于地。这“花蕾”不再是青绿的一团，而是如泥土一般的灰黄，淳朴而安详。

曹雪芹在《红楼梦》里写过凤仙、石榴等各色落花的。黛玉一曲《葬花吟》，直听得人鼻子发酸，身子发颤，心肝都碎成豆瓣了。曹雪芹写了一些生于盛时、死于华年的如花女子，譬如黛玉和晴雯。《红楼梦》“寿怡红群芳开夜宴”一回是大观园的女人花最为娇艳的时刻。群芳行令占花名儿，黛玉摇得芙蓉签。曹公并未指明是荷花还是木芙蓉。晴雯于芙蓉花开的深秋香消玉殒，宝玉作《芙蓉女儿诔》以祭，呼晴雯为芙蓉女儿秋花之神。晴为黛影。黛玉掣得的花签上题有“风露清愁”四字和一句旧诗“莫怨东风当自嗟”。风露清愁，风寒露冷，悲清秋。“莫怨东风当自嗟”出自欧阳修的《再和明妃曲》，诗中有这么两句：“明妃去时泪，洒向枝上花。”枝上花暗示黛玉所掣芙蓉为木芙蓉。唐代高蟾《下第后上永崇高侍郎》：“天上碧桃和露种，日边红杏倚云栽。芙蓉生在秋江上，不向东风怨未开。”不与百花争春，在悲凉的秋天傲然挺立，恣意绽放，这样的高洁之花才配黛玉。《芙蓉女儿诔》名诔晴雯，实诔黛玉。黛玉香魂早逝，一如芙蓉落英，“质本洁来还洁去”，曾有芳华在人间。

大观园百花灼灼，开在人心里，是惜花人自由呼吸、天真任性的所在。芙蓉镇芙蓉灿灿，开在时令里，照耀着鸡鸣犬吠春耕秋收。我写芙蓉花，实则写繁花万朵中的两朵。一朵以她的香消玉殒唤醒我们对美的怀想和追寻；另一朵冰明玉润，她在非常岁月里艰难地活着，那些萧瑟的风、凄凉的雨、冷酷的霜，都长成了她的朵朵娇艳的花瓣。

格桑花

十月的一天，回故乡的九龙山，看格桑花。

格桑花，又名格桑梅朵，是高原上许多种茎细而瓣小、普通而顽强的野花的统称。在藏语中，“格桑”是幸福的意思，梅朵的本义是鲜花。翠菊、紫菀、雪莲、金露梅、狼毒花、波斯菊、高山杜鹃都是格桑花，开在高原上的幸福花。九龙山上开的格桑花是波斯菊，听上去像是一段浪漫的跨国恋。金发碧眼的洋妞越过大海重洋，来到洪沟河北岸，和一个乡村男孩素昧平生而心心相印，生出了根、茎、针叶阔叶，繁衍山地的万紫千红。

传说，九龙山是东海龙宫九太子的躯体所化之地，有着和盘古、女娲等化生神话一样的特质和文化表征。九太子的筋脉骨血长成花花树树。嘶鸣化作秋虫唧唧。作战的银枪寸寸断裂，变为漫山的重晶石，银色的光芒照耀春华秋实。

传说里没有波斯菊。波斯菊在九龙山安家落户，细弱的茎、饱满的花摇曳着幸福的模样。波斯菊也叫秋英，一个乡村女性的温柔名字。宋人周密有言：“佳兴秋英春草，好音夜鹤朝禽。”和他同时代的诗人黄敏求偏爱秋英甚于春花：“莫道秋空冷淡加，秋英风露胜春葩。”所有秋天的花儿都叫秋英。如今的九龙山秋英到处可见。牵牛花和拉拉秧心手相牵，前者的花朵一日三变，银白，碧蓝，深红，就像灯光变换下跳芭蕾舞的女童。晚饭花总是在黄昏炊烟袅袅的时候盛开，细

长的花筒犹如妇女唤儿回家的声音，悠长而温暖。葵花、菊花这些崇拜太阳的花儿，在篱笆边、山道旁显现出无比热情的神色。在白秋英红秋英黄秋英紫秋英和谐共生的九龙山上，波斯菊开得异常自信。秋天的九龙山更像一个大花篮，白云和鸟鸣皆为鲜活其上的花瓣。

作为格桑花的一种，波斯菊柔弱而镇定地生长着，在路边，在草地，一朵朵，一片片。它的茎又细又长，浅绿色，不分枝，样子有些像麦秆，个头也和麦秆差不多。叶子丝状线形，像扫帚菜的叶，稍稍有些凌乱，触之硬硬的，让人有些小吃惊。这细茎长叶在秋风里摇着，恍若一声声悠长的叹息；又如一个细声细气的女生把嗓音往细里憋，再飙出尖细而清脆的高音。细茎长叶擎举的当然是花。牵牛花开花，晚饭花开花，格桑花开花，九龙山美丽的植物都开花，开的都是幸福花。试想，如果我们的世界没有花朵，或者，我们的眼睛看不见善美之花的精彩绽放，我们何谈幸福，我们的视觉和内心何其荒芜？

说到花，格桑花太美丽了。就像童话里的一种花，许多人是通过文艺作品知道格桑花的。“去看那神奇的布达拉，去看那最美的格桑花呀”，格桑花是什么，它是一支流传在雪域高原上的古歌，冬季叶枯花落，来年又以细茎艳花的形式上升到天空的高度，它是有根的；一朵朵的格桑花又像一盏盏酥油灯，照耀着布达拉。格桑花不是一种特定的花。幸福有多少种模样，它就有多少种花朵。格桑花有多少光芒，生活就有多少吉祥。

九龙山的波斯菊呈现着幸福的许多模样。波斯菊一茎开一花，认真而专一。它的花骨朵儿圆鼓鼓的，起初是绿的，后来，花瓣儿如小鸟破壳一般往外挤，花骨朵儿有的绿中透黄，有的白里透紫，有的红绿相融。这样的花骨朵儿开出的花儿也是五颜六色的，橘黄、玫红、浅粉、深紫，好像山地是一个大调色盘，细长的茎是柔情的画笔，我们想看什么颜色的画，波斯菊或曰格桑花都能画出来，画得鲜艳亮丽，生机勃勃。波斯菊有五瓣花、六瓣花、七瓣花和八瓣花。细端详，它的花瓣长椭圆形，三五条花纹如浅浅的小溪从金黄的花蕊流向花瓣的边缘,边缘略有褶皱,每一个细节都精雕细刻,每一朵花瓣都无与伦比。

九龙山上的这些格桑花儿，如同许许多多我们想象的花儿一样，植株细弱，花朵出奇的美丽。还是叫它格桑花吧。许多人都这样叫它。这样叫的时候，就像婴孩一样从香甜的睡梦中醒来，一睁眼看见了自己的母亲。而现在，秋天的格桑花像一群五彩斑斓的蝴蝶，翔舞在九龙山上，山上的桃树柿树黄栌红枫尽情欣赏着这美丽的舞蹈，精神抖擞地站在寒露和霜降之间。

如今，九龙山已是植物的伊甸园，多种多样的植物守护着这一方绿水青山。改变是从小齐的开发开始的。作为一名转业军人，他的用武之地是农村这一青年人奋斗的战场。他开发山地的勃勃生机，开发绿色有机食品。七号黑猪是一种。山上有简易猪棚，喂养着两千多头黑猪，不闻臭味，格桑花淡淡的香气清晰可闻。问小齐，他说，他家的黑猪吃的是益生菌发酵饲料，猪粪像奶粉一样，还有一股好闻的酒糟味儿。他家的黑猪吃得可好了，吃一种叫西瓜红的地瓜，喝羊奶。小齐补充的时候也有强调，黑猪备受尊重，是家庭成员。

一群山羊和我们一起走向一片草地。这群山羊是九龙山不知疲倦的奶妈，谦逊优雅的绅士。它们在前面带路，却贴着路边走，小女生一般的害羞胆怯。九龙山的草地有两种。一种是野草滩，一种是黑麦草种植基地。后者是羊们丰盛的晚餐，有专人送到它们的雅舍。山羊每天照看的是毛谷英、熟草蔓、三棱草、马齿苋、云星菜相牵相依的草地。草的长势太迅猛了，见风就长，长得太高，把天戳破就不好了，天是九龙山的屋顶。羊们的日课之一，就是用温吞吞的小口揪草的青梢梢嫩叶叶吃，草的茎续生新的叶，草地如活水，始终是清新碧绿的一潭。

黑麦草已有小麦的模样，细长的茎秆，线形的绿叶，又有些像波斯菊。黑麦草也开花，花轴特别长，其上密布小花，金黄闪亮，把山

地的闪光点细心缜密地呈现出来。黑麦草割了又生，它的花冬天也会开放，猪羊们是幸福的，它们和许多美丽的植物共享这一片绿水青山，有三亩黑麦草、五亩即将收获的地瓜、一百多亩养精蓄锐的桃树；还有傍着桃林、挽着草地、牵着彩蝶的许许多多的格桑花，这些花儿像醒目的标题　样，表述着这方山水的丰饶，以及从根部节节生长的幸福。

辑四

寒花初雪

芦花

每年立冬时节，我都要看一看寒水冷风中的芦花，去住宅区南面的汶河，或者奔赴故乡的洪沟河湿地。

明朝诗人张以宁《立冬舟中即事》：“露岸苇花明白羽，风林橘子动金丸。如何连夜还乡梦，不怕关山行路难。”旧时立冬，也叫寒衣节、丰收节，人们更鲜衣以相揖，庆贺往来，谓之贺冬。听上去立冬就像过年一样热闹、喜庆，芦花是贺冬的专用花朵。

说到芦花，我们喜欢称它雪花、浪花。譬如芦花飞雪、芦花雪深。

譬如唐人雍裕之的《芦花》：“夹岸复连沙，枝枝摇浪花。月明浑似雪，无处认渔家。”还是从秋天说起吧。秋九月，初开的芦花绛红色，鲜嫩而柔滑，如羽如絮的倒影使秋水更加澄净而飘逸，“秋水芦花一片明”说的就是这种意境吧。白露既降，汶河的芦苇荡碧色苍苍，“蒹葭苍苍，白露为霜”的景致临窗可望，我如同《诗经》里的菁菁少年聆听芦花的绽放，以及露珠从修长的苇叶上滑落的声响。

立冬时节的芦苇和秋天的不一样。苇叶细长而窄，有些竹叶的模样，苇叶青绿时清香甚于竹叶。立冬以后的苇叶不再柔韧，而是脆薄如纸；颜色转为灰黄，如同包裹了糯米被大锅蒸煮过又风吹日晒了许多天。茎秆也是灰黄的，举着同样朴实无华的叶子，就像在生机勃勃的春天那样，观赏流水和阳光，观赏晚风轻拂下的河畔风景。最美丽、最令人惊叹的自然是芦花。芦花全白了，如银似雪，那种白是用月光

的银线、纯洁的浪花和柔软的云朵缝缀而成，与虔诚地为它提供营养的茎叶截然不同。单看一穗芦花，已足够惊艳。一株生一穗。两三米长的细细茎秆擎举着半米多长的蓬松松白花花沉甸甸的花穗儿，就像圣徒热烈而深沉的祈祷，静静观看，似乎每一根苇秆上都飘着一朵白云，每一朵白云都和它的倒影共享着流水的欢畅和轻盈。芦苇不是一棵棵孤立生长的，其根茎纵横交错成网状，根茎生新枝，一棵芦苇就能长成一片芦苇荡。一穗穗一簇簇的芦花随风起舞，银光闪闪，状若白云漫卷；阵阵呼啸，犹如万马奔腾。冀中白洋淀，一个苇田处处、港湾深深的所在，孙犁的文学故乡，我有幸目睹过它芦花飞雪时的苍茫壮观，如同孙犁目之所见："我遥望着那漫天的芦苇，我知道那是一个大帐幕，力量将从其中升起。"

芦花白，芦花美，美在花絮满天飞。芦花是会飞的花。风乍起，苇絮随风飘飞，如棉花一般柔软，又似雪花一样轻盈。它们飘飘悠悠地飞着，把冬日的村庄罩在温暖的芦花里。我不是复述管桦小说世界的冀中平原芦花村的景象，我说的确是我的故乡，洪沟河南岸一个叫东朱耿的村庄。

在我少年的时代，村庄有七大湾塘，塘边植柳，湾里养荷，浅水处、湿地里芦苇成片生长。浅水处，芦苇的根茎层很厚，踩在上面，如同雨季踩在低洼路面铺设的一捆捆玉米秸上，颤颤悠悠的，有一些小刺激。我们几个少年踩出了一条曲曲弯弯的小道，走入芦花深处。翠鸟是芦苇枝头开出的一朵灵动的花，被我们的怦怦心跳惊扰了，像箭一样飞往更深处的芦苇。蘑菇在芦苇根部盖起了许多圆顶小房子，一窝不知什么鸟的蛋在蘑菇房旁边做着飞翔的梦。在那样的时刻，我们这些上树掏鸟窝、下河摸鱼虾的熊孩子突然安静下来，像花蕾那样屏住呼吸，村庄近在咫尺，却似远在天边，我们沉迷在自己开拓的美丽新世界。

冬天的花朵里，如果一种花柔软、温暖而又宽厚，那一定是芦花

了吧。芦花可填鞋，在鞋底铺上厚厚的一层，暖脚。我的母亲是不会这样潦草敷衍的，她要做的是芦花鞋垫。她拿着镰刀，去村边的湾塘割芦花，等背着一捆洁白的芦花回村时，她成了一株行走的芦苇，不时飘出的苇絮走街串巷，把温暖的消息告诉村里的许多人。

夜晚，母亲坐在炕上，坐在一堆洁白的芦花之间，细心地清理，她先是去除硬硬的秆，然后把软软的芦穗撕成条条芦絮，接下来是搓绒线。母亲搓线就像变戏法，太神奇美妙了。芦絮是蓬松的一绺，横在腿上一搓，就变成细细的长条，三根长条在手掌的前推后搓下，拧成一条柔韧的绒线。犹如蜜蜂追逐芬芳的花朵，苇絮不断加入绒线的队伍，绒线越搓越长，漫长得如同芦苇发芽到飘絮的时光。绒线用麻线缝成鞋垫胚，鞋垫胚用洁白的布片包裹了，白的棉线锁边，其中的一面布片上画了一根挑着三五苇叶的苇秆。母亲穿针引线，凌波微步的针牵引的是紫的、绿的、蓝的棉线，各种彩色的棉线宛若丝丝春雨缕缕秋风把芦苇的茎叶细致地描画而成。这样一双鞋垫需要十天左右才能做好，其上数不清的凸起的针脚是针的跋山涉水的苦旅。密密的针脚按摩着人的脚底，内里软软的芦花绒徐徐地绽放一种柔柔的暖，犹如泥土里新芽的呼吸，拱得人的脚心痒痒的，要多舒服有多舒服。

有芦花的冬天是温暖的，踏实的。少年的芦苇春天芦叶青青，冬天芦花白，芦叶之下碧水荡漾，芦花之上天蓝云白。少年的我以为故乡世界本来就是这样的，满塘芦苇会和我共白头。可是，生殖力再旺盛的芦苇终抵不过水土流失和人去楼空。故乡的七大湾塘没了水，没了水的湾塘只能叫土坑，或者，称作深深塌陷的眼窝。故乡的衰老是从芦苇的消失开始的吧。

宋人许玠曾填词："西风又转芦花雪，故人犹隔关山月。"那么苍白的芦花，被异乡苍凉的西风裹挟着，不由自主，无法遏止，乱世文人走到哪里，所触皆是黍离之悲。故乡已非旧容颜，我与它相隔的何止重重关山，我的写作也成了绘声绘色的扯谎。还是宋人的芦花雪：

“来鸿去雁知何数，欲问归期朝复暮。晚风亭院倚阑干，两岸芦花飞雪絮。”读历代咏花诗词，宋人写的芦花诗词最多，有三百多篇。这与宋人气质有关。宋代文人敏感细腻，忧郁多情，笔下多为寒蝉、冷月、残雪、飘絮等凄冷物事。也是时代使然。北宋南宋均称大宋。北宋的盆沿儿被打得七零八碎，到了南宋，只剩下遍布污垢的半边碗，盛不住一方蓝天。芦花飞雪，照见的是宋人满脸的忧伤。

少年喜欢读唐诗，大漠西风猎猎。中年痴迷看宋词，青鬓芦花苍苍。少年的芦花追过山，追过水，追到了我的两鬓，乡愁的胎记越来越大。一年一度，观看芦花飞雪，是我回望故土、感受温暖的一种仪式。母亲去世以后，葬在了洪沟河南岸的坟地。又十一年，父亲去世，和母亲合葬。那里已是一座先人的村庄。洪沟河湿地里生长着少年的芦苇，郁郁苍苍，旺盛着我的少年时光。有个叫德富芦花的日本作家说：“我独爱这个没有什么看头的芦花。”芦花飞雪，当年的少年归来，他没有捉芦根处的小螃蟹，也没有采茎梢的芦花，而是把他两鬓飞白的脸慢慢地凑近一穗芦花，像一个孩子，满含着委屈和酸楚，乞求着芦花温柔的抚摸。芦花毛茸茸软绵绵的，脸上细软软痒酥酥的，而他早已泪流满面。

雪松花

雪松，也叫香柏、塔松，常绿乔木。雪松的叶绿色，细若银针，大枝一针一束，散生；小枝顶端多针一束，簇生。大枝小枝叶繁密，且针叶上覆有一层淡淡的白粉，远望如白雪覆盖，遂叫雪松。

雪花落在雪松上，也有美丽的形状。雪松伸出一千只针叶的手，采撷雪花。针叶太细小了，兜不住多少雪花的。针叶基部挽留了一些雪花，雪花攒聚成小的雪球，像一群小白兔，呆头呆脑的。灰色的松枝挂了一些雪，就成为琼枝。唐人有诗曰：“虎溪闲月引相过，带雪

松枝挂薜萝。”这松枝长在庐山东林寺的树上。如今，庐山雪松众多，唐人所见是否雪松不得而知。我更愿意把这庐山松看作万物的共生之地。雪花在其上敛起翅膀。如长臂猿一般的薜荔在树上开花，恋爱，养育着许多圆头圆脑的小宝宝。女萝灰绿色的披纱自上而下地垂着，轻柔而又飘逸。

观看雪松，当然是落雪的冬日。松青雪白犹如相互成全的雪菜冬笋，清鲜至极。宋代诗僧释正觉称雪松为“岁寒之容”。不识雪松，怎么会懂得冬天。古今有异的是，古人观看雪松，多去深山古刹；如今多站成闹市的景观树。古代的雪松在千百年的风雪和文人的动情描述中获得了清新清奇的面目。今天的雪松依旧是千年以前的样子，尖塔形，大枝沉稳地平展，小枝谦逊地稍稍下垂；针叶细而尖，从未弯曲，也从未改变自己的颜色。它就站在我们日日走过的路边，但很少有人停下匆匆脚步，细细端详雪松的模样。雪压青松挺且直，雪松在当下的形象被定格了，人们异口同声地喜欢“那泰山顶上一青松”。泰山顶上的青松是雪松。他们说着泰山、雪松的时候，觉得呼吸顺畅，豪气上涌，仿佛就站在山巅，高出了熟悉的生活和人群。

我跟在风雪后面，观看了几次雪落雪松的场景。寒风到处乱跑，犹如一群不知疲倦的狗，叼走落叶，撕扯树枝，用刺耳的声音宣扬它们缺少花香缺少绿色的胜利。雪是温柔而美丽的，就像一个走亲戚的外省女孩，对看见的一切都感到新鲜、好奇。站得最高的雪松率先得到了它的青睐。它用清甜的气息拨开细密的针叶，温情地爱抚着面容苍老的枝条。就是下小雪吧。雪慢慢地下，针叶密密地缝，把雪松装扮成美丽的圣诞树。大雪也惬意。细的针叶承载不了几片雪的。树枝和簇生叶的基部雪多一些，积聚得多了，就像一个人脸上的笑容再也憋不住了，针叶微微颤抖，枝条稍稍弯曲，积雪就从树上滑落下来，弯曲的枝条又弹回平展的姿势。如此轻巧地弯了又弹，弹了又弯，大雪无法压树顶，哪怕天地之间风雪弥漫。

可是，很多书写者看不见这些。他们认为大雪覆盖宁折不弯的雪松才叫雪松，这样的雪松才让他们联想到宝塔、哨兵、巨人等形象。你若对他们说，红松黑松油松雪松的枝叶都会极力抖落积雪，他们就嘲讽你躲避困难。你若说雪松也开花结果，而且曲折离奇，他们觉得你在编故事，对你不屑一顾。

雪松也开花，开在百花后。有一年立冬，落叶别树的时节，我特意去看了针叶茂盛的雪松。那种优雅的树形很有仪式感，苍翠的针叶像是庆祝立冬节燃放的一束束礼花。我用相机镜头拉近高处的枝叶，

突然，一些淡绿色的像蚕宝宝一样的东西闯进了我的视野。它们是雪松的雄花。镜头再拉近一些，可以看见雄花表层密布着许多绿色的小孢子叶，孢子叶聚生成，植物学把这描述为“孢子叶球”或“球花”。这种球花常常给人造成松果的错觉。其实，过了一些日子，这些手指状的球花会有奇妙的变化，它们弹奏着松枝的大弦，针叶的小弦，把雪松弹得郁郁苍苍，它们却慢慢变黄，像成熟的豆荚那样开裂，露出金黄的花粉。

雪松之国黎巴嫩，先知诞生之地。“它就生枝子，结果子，成为佳美的香柏树，各类飞鸟都必宿在其下，就是宿在枝子的荫下”，《圣经》里反复述说的“黎巴嫩的香柏树”就是雪松，如今已是黎巴嫩的国花。黎巴嫩群山之上，雪松的生长姿势就是一种华美的绽放。相比树形，雪松的花儿极为质朴内敛，亦能诠释黎巴嫩人推崇的纯洁和永

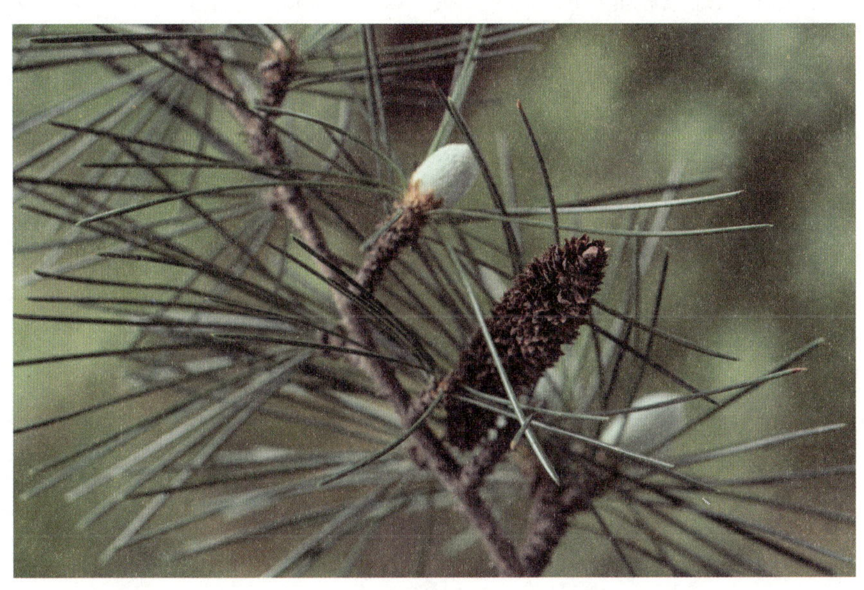

生。也许有的人并不认可雪松的花，花儿应有牡丹、玫瑰、菊花那样艳丽的花瓣，或者喷发丁香、茉莉、桂花那般浓郁的香气。如果以花色和花香来取舍花朵，世界将变得多么单调乏味。如果一种植物的花儿无法凭借颜色和香气吸引昆虫传粉，而它的家族旺盛千年，这样的繁衍壮大太惊心动魄了。

看见雪松雄花的次年秋天，一个废弃的工厂大院，我遇见了机缘

向我展示的松果，《圣经》里佳美的果子。松果圆鼓鼓的，样子很像鹅蛋，个头也和鹅蛋差不多大。那些宛若神迹一样的绿色松果，在枝叶的烘托下，在秋日阳光的照耀下，显得沉静安然，如同镶嵌在天幕上的星星。当淡绿色的松果慢慢转为红褐色，它顶部的片片鳞片向外舒张，看上去就像重瓣的茶花。

如同许多植物自花而果的路径一样，雪松的果是由雌花发育而成的。雌花绿色，也是卵圆形，开在树冠，个头却和玉米粒一般小。若是单纯地描述雪松花果的模样，显然漠视了雪松花的坚韧和执着，以及幸福触手可及却又擦肩而过的悲哀、悲哀中依然敞着心门的天真姿态。从初冬到来年秋天，一个玉米粒长成大鹅蛋未必称奇，但它的授粉有着无法想象的艰难。我们见到的雪松多是雌雄异株，即使偶有雌雄同株者，雌花犹如高傲的女皇姗姗来迟，比雄花晚开十天左右的时间，且高居短枝顶端，不接受低声下气的雄花的亲吻。更为离奇的是，雄株生长二十年以后才能开花；而它所思慕的雌株还有十年的光阴，才有高贵而自然的冲动。

诚然，枝条扦插可繁殖，但无法抹煞雪松貌似丑陋的花儿为追求优美之树所做出的种种努力。尤其是强大而有耐心的雄花，以一千朵花一万次的花粉飞舞，才可能在风的鼓动下，完成一次和雌花的幸福的拥吻。更多的时候，雄花凋落，雌花枯萎，而雪松依旧努力地生新枝，发绿叶，凌寒不凋其色，用它的大枝小枝讲述着昔日生机勃勃的原野，用针叶的清晰线条描画着内心的一次次颤动。

蟹爪兰

冬日的寒风呱嗒呱嗒敲打门窗时，我就会想起那一棵蟹爪兰。那是一棵以仙人掌为砧木嫁接的蟹爪兰。肥厚的仙人掌捧着扁平的茎节，茎节的先端又吐出茎节，茎节有些芭蕉叶的样子，几个相连的茎节悬垂着，看上去很像螃蟹的肢爪，蟹爪的尖端冒出一朵喇叭状、玫瑰红的花儿。

这是一棵三十年前的蟹爪兰，它因出现在一个非同一般的位置而被我深深铭记。它和一个煤炉同时出现在乡村中学的一间简陋的教室里。煤炉，是学校配发的取暖用具。它的外壁黄褐色，还破了一个小洞，那是被炭火多年噬咬的痕迹。小洞无妨，搪了煤炉即可补缺。我在乡下教书的第一年，就学会了搪煤炉。和泥的时候，需掺上沙子、麻刀，搪炉膛要从炉条上面一层一层均匀地往上抹，搪好了，再寻几块小石子、碎砖头，很随意地塞进泥里，有些像绘画时的点染。这样搪好的煤炉，节煤，保温，耐用。炉条上再搁两三块稍大的砖块或者石头，一炉的煤就有了底气。

蟹爪兰是我从乡村集市上买来的。我问卖花人：冬天哪种花开花最火红？卖花人努了努嘴，又指了指他的蟹爪兰：您在别的地儿都看不到这么旺实的。如果时光倒流，你会看见，一棵穿着粗布衣裳的蟹爪兰穿过叫卖声灌溉的集市和封冻水浸润的田野，跨进学校大门，端端正正地坐在教室的最后面。心理学告诉我，一棵摆放在讲台上的花会分散学生上课的注意力。每一个推门而入的学生，都会看见一团炉火和一棵花，而盛开的花儿如同一团温暖的火苗，在莘莘学子的心田上呼啦啦地长。

在那所乡村学校，我是唯一写诗的青年教师。“冬天，温暖我们的不是炉火，而是热烈的植物，是一叶绿，是一瓣红。”当我在教室后墙的黑板上写下这样的文字时，忽然有一个灵感从脑洞深处迸发而出：养一棵美丽的花，作为这段文字的插画。这就是教学相长的魅力吧？我那时觉得，我不再是一个停留在纸上抒情的校园诗人了，而是成长为一个将诗意生活引进课堂的青年教师。炉火和火红的花不是对立的。炉膛的火苗长长短短，摇曳多姿，似有无数朵花在盛开，变化无定。蟹爪兰，花形如小灯笼，花瓣有上下两层，每一层八九个花瓣，众星捧月一般捧着细长的白色花蕊，花蕊顶着十几粒黄色的花粉；犹如一条炽烈的火柱，紫红色的花柱从花蕊中间喷涌而出。这些花儿在生长中获得了火苗的形状，但比火苗的笑容更灿烂，更清晰，时间也更长久。它的样子是火焰的一种，热烈，唤起我们对温暖的记忆，以

及成长的渴望。

冬天的教室有了一棵花这一事实，看起来似乎无须大呼小叫。它只是时令的枝条上盛开的一种笑容。然而，窗外万木凋零，窗内这一独特的微笑将会抵达每一个学生的嘴角，然后爬上脸颊，长成幸福的红晕。许多年以后，他们中的一些人会想起那个蟹爪兰盛开的冬天，灿烂而温暖的冬天。他们在教室门前轻轻拍打一下衣服，跺了两下脚，觉得灰尘和寒气都赶跑了，这才抬高腿跨上水泥台阶。这一跨特别有意义，就像从思考中跨进汉字、公式和奖状，就像一只蟹爪接续着另一只蟹爪，缓慢而坚韧地跨进花的事业。

蟹爪兰，这个名字稀奇有趣，它的别名“锦上添花”则把蟹爪状的茎诗化为绿锦了，后者更像国产电影的结局，大圆满。蟹爪丑陋而凶横，鲁迅称第一个吃螃蟹的人是勇士。兰花美丽高雅，芬芳馥郁，古今之人养兰赏兰，以修身养德，其情一矣。从蟹爪到兰，仿佛是一场曲折而宏阔的叙事。它曲折，那么多的丑蟹爪就像《格林童话》里的七个小矮人，在缓慢的爬行中，它们是如何心志一致地从泥土里找到迷人的红色，编织成美丽的花，并托举枝端？它宏阔，它的思维天马行空，恣意享受着想象的快乐，大胆而细心地创造着花朵的每个细节，使之显露出天真、热烈、天衣无缝的匠心和微微激动的表情。

我记得那些红光满面的孩子，以及他们的表情所流露的幸福感，如同迎接落雪的青青麦苗，每一棵都有各自的美丽笑容。班里有一个转来的女孩，东北的，父母闯了关东，她寄居在一个亲戚家里。女孩长得很好看，读书的时候一口东北腔也挺好听的。同学们都很喜欢她，原因之一是她给蟹爪兰搭了花架。三根小木棍插在盆土里，用铁丝做了两个和花盆口径一样大的铁圈，再把铁圈绑在木棍的中上部。有了花架，蟹爪兰的光阴故事就像婉约宋词那样，有了上阕下阕，有了起承转合。开始，是她一个人给蟹爪状的茎分层，后来，其他女生也学着把蟹爪搭在铁圈上，这样就搭成了两个大花伞，通风，光照足，盛花期就成了花的瀑布，特别壮观。

蟹爪兰也有假期。冬春花后休眠一周时间，再就是两个月的暑假，入秋渐渐苏醒。休眠期，蟹爪兰非常纤弱，就像古代的女子，到了落花时节，就会伤春，瘦了容颜。女孩说，从清明到芒种这段时间，嫁接蟹爪兰，成活率高，到时我们一起学嫁接吧。她说这话的时候，在场的同学全都回送了一个美丽的笑脸。寒假过后，她的座位是空的，调了几次座位，还是空的，坐着我们对她的牵挂和祝福。她回了东北读书，她的父亲干建筑跌断了一条腿，她成了父亲的一根拐杖。再后来，我收到了她邮寄的一包东西，打开，是蟹爪兰干花。那干花真美，美得像油画，像丝绸的碎片，像夕阳投向大地的余晖。包裹里还有一张纸，纸上有一行娟秀的小字：蟹爪兰干花泡水喝，清热去火。看着那些干花，我想起了她美丽的脸，以及她脸上的两朵羞涩的红云。

君子兰

秋天的深处是什么？“君子兰、鸭跖草、野菊、红蓼，它们的果实或种子如粟、如稻、如乌麦。踏着草丛里的虫鸣前行，青蛙跳，螽斯飞，有时还能看到螃蟹沙沙爬行。”这是德富芦花遇见的东京郊外的秋色。在自称“美的百姓”的德富芦花眼中，植物动物皆有它们的安身之所，恬然自在地活着。

细端详，德富芦花所见也是我的故乡秋天的某个段落。鸭跖草，即蜂子草，我小时候在庭院里栽培过的蜂子草来自洪沟河湿地，那里也有大片大片的红蓼，我们叫它水梗棵，“山有乔松，隰有游龙”，《诗经》里的游龙即是它。螽斯，俗名纺织娘，草绿色，翅翼振动的声音“轧织轧织”的，就像旧时纺车的织布声。

我仔细观察过君子兰、鸭跖草、野菊、红蓼（红蓼果实去除薄的外皮即种子）四种开花植物的种子，真的很像粟、稻、乌麦三种禾本科植物的颗粒果实，后者是由野草驯化而成的庄稼。就果实而言，其中果型最大、果期最长的是君子兰。在原产地南非，如同我们这里野生的二月蓝、矮牵牛一样，君子兰生长在和蔼、大度的树下，就像一群穿着浅绿色校服的寄宿生，似乎在树下等待父母的出现，脸上露出天真的笑容。我们这里的君子兰是温室观赏花卉，栽培的多是大花君子兰。大花君子兰从授粉到果实成熟的时间九个月左右。按照一季观花、三季观果、四季观叶的审美序列，在寒冬到仲秋这段缓慢而深情的时光里，可以观赏君子兰的果实是如何由一粒小粟米渐渐长成红彤彤的大樱桃，且由绿转黄，从黄变红，更换着美丽的衣衫。

其实，君子兰最显著的特征表现在它的叶和花上。它的叶扁平带

状，有点儿像萱草的叶，但比萱草的叶肥厚得多，也硬实得多。更为奇妙的是，在状若洋葱的鳞茎之上，叶呈二列状交叠互生，横着看，叶姿如折扇；侧面看，是整齐的一条线。君子兰一年可长四五片叶，等到叶片数量十五片左右时，便有一根嫩绿色的扁平而粗壮的花葶从两排叶子中间探出来。叶子铺展了三四年，造型如同千手观音，众缘集聚，让直立的花葶获得了惊人的征服力。

君子兰寒冬开花，一直开到阳春三月，花色有橙红、橘黄、鲜红等几种。花期灿烂的是花朵，温润的光芒映照得叶子尤为厚实油亮。我观看过君子兰开花的样子。单朵的小花有短短的柄，有六个花瓣、六个雄蕊。尤其在寒夜的灯光下，花瓣的边缘金光闪闪，漏斗状的花瓣内面下部是一潭清新鲜嫩的黄，黄得叫人晕眩，六个雄蕊游园惊梦一般伸出细细的花丝，雄蕊也是黄的。一根花葶可生三四十朵这样的小花。小花们熙熙攘攘地聚集在花葶顶端，聚成伞的形状，特别的温馨和欢愉。一个伞状花序的花开放一个月之久。

我曾在一株这样的君子兰旁，备课，批改作业，也读读书，写写诗。那是一株养在教师办公室的君子兰。乡村的冬夜寂寥而漫长。整个校园犹如熟睡的婴儿，而君子兰是醒着的。“只恐夜深花睡去，故烧高烛照红妆”，我也曾像苏轼那样，为一株花夜不成寐。那个车马慢的年代，等待一封书信仿佛守望一场美丽的花事。许多个夜晚，我给一个女生写了很多的信，收到的回信却没几封，内容简短，多是礼貌性的问候。然而，这些从她的笔端落到纸上的文字，犹如飘落水面的花瓣，被我一一捡拾起来，组合成许多臆想中的浪漫花朵，虚构着一场花前月下的故事。

许多年以后，偶然听见一首名曰《君子兰》的情歌：“以为待花期再长一点爱就会芬芳，怎知盼来了等待多漫长。”一个女歌手哀婉深情地唱着，她的悲欢在音符的花蕾上幽幽地开着，美丽而忧伤，心仪的君子只是礼貌性地看着，却不把她宠成一株娇羞的花。青春往事在这样的歌里重现，我竟然有释然的感觉。觉得，一个人一生有那么一次热情满满的等待，譬如等待花开，用心地浇灌，耐心地照看，不因时间漫长而心生倦怠，才可能在漫长而喧嚣的生活中葆有充沛的热爱和安静的勇气，如同君子兰，在迎接花开的漫长时间里，它的叶长得无可挑剔,任何等待女王到来的石阶,都不曾铺装得如此华丽和庄重。

近些年，君子兰到处可见，在私家住宅，在公共场所。就像歌中女子遇见的是如君子兰一般的男子那样，很多人喜欢的是君子兰这个道德意味浓厚的名字，并从孔子的君子论中寻章摘句，以此建立他们的植物道德学。在他们眼里，所有的植物都是同一种植物，要么是默默无闻、无私奉献的那种，要么是勇敢乐观、顽强奋斗的那种。他们今天主张向雪松学习，明天又学君子兰，仅仅换了一个植物名字而已。这种常识缺失的学习行为是可疑的。如果他们留意一下每一种植物的茎叶花果，或许会有新鲜的感受。譬如，孔子比作君子的兰花是一种俗名叫地瓜儿苗的泽兰：多生于浅水沼泽处，茎干青紫，四棱；叶如薄荷，有香气；七月开一种紫白色的小花。在《诗经》《离骚》里频频出场的均是此花，而非宋人推崇的兰科之兰。

君子兰是日本一个叫大久保三郎的植物学者命名的。1854 年，君子兰从欧洲传到日本，大久保三郎参考君子兰拉丁文“尊贵优雅”之意予以重新命名。君子兰进入中国的途径有两条：一是二十世纪三十年代，日本将此花赠给伪满傀儡皇帝溥仪，长于皇宫花苑；二是十九世纪末，由德国人带入他们的殖民地青岛，时人称为青岛大叶，这与君子兰的别名大叶石蒜、剑叶石蒜颇有些相似，是有博物学态度的。君子兰是石蒜科多年生草本植物，和借水而生的水仙同宗同亲。

国人对君子兰的贡献之一，是创造了一个叫“绿色金条”的别名，一盆南非的野花被炒到了天价，一盆花能买几套房。这不是花木的奇迹。我想，得此荣耀，君子兰的花瓣都想闭合的，它宁愿是一株野花，在南非山林里无忧亦无惧地生长，生它的剑形叶，长它的喇叭形花，在它的植株周围形成绿水晶红玛瑙的奇异光环。

仙客来

那年十月，我和女儿去青州，上午先看了十里古街，青灰色城墙，青灰色民居，有着秋天的深潭一般的内敛、深邃和波澜不惊。下午，去了一个叫黄楼的地方，观看当地花农向我们展示的百花世界的万紫千红。那是花都青州的花博会举办地。现场塞满了花和看花人，高筒靴、超短裙、低胸装来来往往，热闹而绚丽。

每每回忆那次青州之行，就觉得特别有意思。我们就像蠕动的小虫虫，从古朴苍劲的树干爬上了细嫩翠绿的树梢，闯入花朵的迷宫，和许多的人一样，恨不得一头钻进花蕊里，被香气迷醉得晕头转向。

那个看花的下午，看得最多的是一种叫仙客来的草本花，也买了一盆仙客来。和君子兰一样，仙客来来中国定居比较晚。据周瘦鹃回忆，二十世纪二十年代，上海江湾小观园新到一种西方来的好花，花形活像兔子的耳朵。这位爱花成瘾者、鸳鸯蝴蝶派代表作家、自称种花人的园艺家参考拉丁学名的译音和中国月宫仙兔的传说，给这好花取了一个好听的名字：仙客来。这翩跹而至的仙客改变了黄楼农民种植五谷的习惯，他们像生儿育女一样培育着仙客来，尽管在花棚里折腾得弯腰驼背，他们露出的笑容却像花儿一样美丽。从最初的宫灯系列、兔耳系列发展到如今的山峦系列、奇迹系列、旋律系列、山脊系列等，青州仙客来已有一百多个品种。当黄楼种花人描绘仙客来含苞欲放的情景时，我觉得，我目睹了一个童话的诞生：圆头圆脑的球茎上不断地长出心形的叶子，每一片新叶都带着一个花苞，每一个花苞都要蹿出一个仙兔来。

关于古城青州，我的记忆承载着“西楼”这个著名的宋词品牌，以及李清照在西楼和归来堂前采撷的一朵朵金灿灿的菊花。“雁字回时，月满西楼”中的西楼即青州的顺河楼。李清照在《一剪梅》这首词中写了南阳河的秋荷。“红藕香残”的荷和“暗香盈袖”的菊其实是两朵清瘦的愁花，“才下眉头，却上心头”。如今的青州建成了东方花都，一座芳香四溢的生活之城。他们视花朵为大自然的恩赐，为仙客。仙客栖居的都是好地方。黄鹤是青松的仙客，凤凰是梧桐的仙客，鸳鸯是碧沼的仙客。

“来”这个字有气息，有声响，仙客来这名字有些童话故事的味道，可以写成灰姑娘或丑小鸭那样的美丽童话。它的叶看上去非常朴素。叶子很像牵牛花的叶，形如心脏，叶缘有细细的锯齿，叶面是绿的，但长了一些大块的灰色的晕斑（也有白色的），仿佛脸上长有胎记的人坦然地走过大街和小巷。一片叶一朵花，有多少其貌不扬的叶，就有多少朵娇艳美丽的花。我当时买了一盆仙客来，显然信任了种花人对仙客来叶子的信任。再说，仙客来是花都的市花，如同《诗经》里的花朵，自有一种文化的气场。我遇见它的时候，它刚好重返童年，几片鲜嫩的叶子如同婴孩一样，从夏天的酣眠中醒来，睁开了清澈的眼眸。就像抱着小时候的女儿，我抱着那盆仙客来，一路颠簸，回到了家，它的生叶开花成为我的日常生活的一部分。

那盆仙客来是当年十二月开花的。花开是梦，花落的时候也是梦。在城市的阳台上养花种草，这就是田园梦吧。多识花木少识人，也是我的精神诉求。读德富芦花，他笔下的植物都有名字，有情态，而不是一棵不知名的小花，或者常见却叫不出名的小草。这位“美的百姓”、乡村的旅行者和旁观者，在东京近郊粕谷村过着晴耕雨读的生活，偶尔劳动，读书并在自然中确认自我是每日的功课。我想，我也是一个理想式农民吧，栽培花木，却不必汗流浃背。地道的农民在劳动之余会凑近洋槐花或豌豆花深深地嗅吗？

说说那盆仙客来开的花儿吧。十一月初，先有四五个紫红的花葶从叶片中挺出，尔后稍稍下弯，红嫩的花苞亦向下，如少女颔首低眉。花苞的样子很像毛笔头。等到花苞半开，花瓣呈旋转状，像是闪耀着彩虹的喷泉，这花苞依旧是向下的。十二月，仙客来开放，花蕊向下，看上去娇羞可人；突然之间，五个美丽花瓣向上翻卷，向照耀它们的太阳表示虔诚的敬仰，紫红的花色则像幸福的表情一样迷人。反卷的花冠就像竖立的兔子耳朵一样顽皮可爱；又像一簇簇跳跃的篝火，映照着叶斑叶脉格外清晰。因为这大自然奇异的灵感创造的独特花形，仙客来有着一连串的别名：兔耳花、兔子花、篝火花、翻瓣莲、一品冠等。一朵仙客来的花能开一个月之久，是年宵花的一种。

仙客来还有一个别名，叫“萝卜海棠”，言其心形叶酷似海棠叶，扁圆的球茎又像紫萝卜，很有博物精神。“猪面包”这名字也得名于仙客来的球茎。球茎含有有毒的植物碱。传闻，野猪喜欢将这球茎拱出来当面包吃。不知长嘴獠牙的野猪吃了会怎样。但愿，它轻微地头晕以后，复又啸傲山林。大跃进时期，深谙借物抒情的郭沫若写了《百花齐放》一书，其中有《仙客来》一诗："请不要说我们是来自外洋，来到中国就成为土生土长。我们衷心地热爱中国人民，他们称呼我们为萝卜海棠。我们和秋海棠原是姊妹行，鲜艳的花瓣反开十分别样。一位姑娘叫我们是兔子花，怕是花瓣和兔子耳朵相像。"他只是格了一下物，提及两个别名，诗意的重心在"衷心地热爱"，其他洋花也可这样表述的。

相比《百花齐放》，周瘦鹃的《花影》尤能呈现花木之美，以及人与花木的深情对视。这位种花人向我们缓慢讲述着如何秋播仙客来：种子在肥土（或黄沙砂）中的深度二分左右，到了夏季休眠期，须遮以芦帘，以避阳光。这位心肠慈悲、学问渊博、胸襟豁达的人身处动荡年代时依旧不执拗不冲突，花木简化了他的人生，丰富了他的内心。客人问：起伏一生，变幻世事，如何看？周先生答：且共赏花。

在我的仙客来进入它的休眠期以后，我读到了一个美丽的故事。一对青州黄楼的夫妇带着他们的市花仙客来，来到天蓝地阔的乌鲁木齐，开始了他们的花卉种植。飞越万水千山的仙客来感受到了新疆的好阳光、好土壤、好气候，并像那两个有着好心肠、好技术、好梦想的创业者一样，改变了生长习性，夏天不休眠，无忧无虑地生长，植株挺拔，开出的花又大又艳，成为一个美丽的奇迹。

茶梅

茶梅，也叫海红花，是一种山茶科开花植物。海红说的是花的颜色，茶梅也有白色的。茶梅者，顾名，像茶花又像梅花，后二者皆居中国十大名花之列，梅花是花中之魁，茶花为花中娇客。

效仿五代张翊《花经》，明人张谦德品评各种名花的性格、象征、外观、气味、气质等，并以“九品九命”之法排列，名曰《品花》，收录于《瓶花谱》一书。其中，位居四君子之首的梅花为一品九命，品阶最高，和梅花同类的花官中，有很多花界人咖，兰花、牡丹、菊花、水仙、瑞香争奇斗艳；茶花二品八命，总督、巡抚之类的茶花有奇质，凌冬不凋，花姿高雅，深受人们的爱戴。茶梅和我熟识的玉兰、芙蓉、迎春同为六品四命，官阶和文武状元一样大。六品官在紫袍飘飘玉带闪闪的京城是芝麻官，在地方上却是大官。古代文人从京城贬谪地方，多为六品官。泪湿青衫的江州司马，六品官。知密州的苏轼是六品官。抗旱，辟泉，灭蝗，兴学，苏轼是造福百姓的好官，也是天真执拗的爱花人。譬如，他对六品花官芙蓉惺惺相惜，亢言直论："千林扫作一番黄，只有芙蓉独自芳。"那年中秋的傍晚，我去百里之外的超然台看苏轼的明月，沿途一树一树的芙蓉灿若晚霞，"晓妆如玉暮如霞"，那些早醒的白色已浩浩荡荡地奔赴超然台的天空。

茶梅十二月开花。明朝大学者焦竑著有《焦氏类林》一书。这位翰林院修撰（六品官）在书中诚恳而严谨地记录了茶梅的由来："新罗国多海红，即浅红茶，自十二月开至二月，与梅同时，故名茶梅。"新罗国在朝鲜半岛。其实，茶梅的花期比梅花早一些，来年二月零落之时，茶花灼灼开放，鲜艳异常。

张翊排列的九品花官中没有茶梅。花界官场影射人间宦海，沉浮是常态。未得张翊"封授"的水仙、瑞香，张谦德列为一品。还有一个缘由：五代时茶梅引种无多，人们大多不识。到了宋朝，茶梅始被普遍栽培。宋朝真是一个花团锦簇的时代。宋人养花，卖花，簪花。张择端所绘《清明上河图》中就有一间花店，买花的都是男人。宋人簪花不分男女老少。看《水浒传》，头簪芙蓉花的杨雄尤为妩媚，头簪石榴花、披着旧布衫的阮小五甚是顽劣。继续说好官苏轼。苏轼被贬杭州时，有一次去吉祥寺和百姓共赏牡丹，饮酒至醉，苏轼头戴牡丹花，返程途中东倒西歪，"醉归扶路人应笑，十里珠帘半上钩"，百姓竞相围观这可爱顽皮的老汉。

接着说茶梅，其叶和茶花的叶相似，均为椭圆形，叶缘均有细细的锯齿，且触之柔滑，不扎手。也有细微的差别，茶花的叶有茶梅的两倍长；茶梅的叶色深，茶花的叶色浅。唐朝人把茶梅列为茶花的一种，叫它海红。有意思的是，茶梅的原产地日本称之为山茶花；而唐朝时传入日本的茶花，东瀛人叫椿，春天开花的树木。

茶花在大唐王朝就已经名噪天下了。唐朝花农培育出了一捻红、千叶白等七十二种茶花。文人咏叹茶花的凌寒之姿傲霜之容，茶梅赫然在列。譬如，北宋诗人陶弼的《山茶》："浅为玉茗深都胜，大曰山茶小海红。名誉漫多朋援少，年年身在雪霜中。"玉茗，茶花的别名。株形矮小的海红即茶梅。更有意思的是，随着宋朝"梅花崇拜"之风盛行，海红易名茶梅。和无惧雪虐风饕的梅花一样，在北方的庭院，在南国的旷野，在文人建构的内心的净土上，茶梅灼灼盛开。北宋周师厚出任河南府通判时，吏事之暇，博求谱录，记述本人见闻的奇花异卉，写成《洛阳花木记》一书。书中梅氏花木颇多，蜡梅、消梅、苏梅、水梅、玉香梅、黄香梅、红香梅、千叶紫梅、茶梅、千叶茶梅等尽在其中。苏梅、水梅不知是哪种梅花。消梅是一种果梅，其花如江梅、官城梅，果实圆小松脆，适宜鲜食。宋代之前，蜡梅是梅花的一种，叫黄梅，苏轼、黄庭坚命名了蜡梅。杨梅多紫花，千叶紫梅或指杨梅。茶梅、千叶茶梅应是山茶科的茶梅。有了《洛阳花木记》的"茶梅"之名，南宋及后世文人纷纷吟唱这像茶又像梅的凛冬之花。

有人认为茶梅花开如梅，但从花形上看，梅花五个花瓣，排列如雪花（雪花六角形），密缀枝干；茶梅六七个花瓣，单生于枝顶，花朵稍扁平至浅杯状。清人陈淏在他的《花镜》里说："花如鹅眼钱而色粉红，心深黄。"黄色的是雄蕊，丝状，彼此离生，梅花和茶梅的雄蕊均如此。不过，梅花雄蕊略等于花瓣，和花瓣一样伸展；茶梅雄蕊集聚在花朵的中心，就像细细的灯芯。更为明显的是，梅花先花后叶，茶梅先叶后花。早春的花都一样，梅花、蜡梅、迎春、樱花、杏花都是春天的急先锋，花开如火，一树一树的火焰把空气烧热了，才叫春天。茶梅就像古代的忍者，它在春天展叶长新枝，到了深秋，红棕色的枝举着深绿色的叶，在自己的世界里寂寞而坚韧地生长。对于这一习性，文人以及其他爱花人看得清清楚楚。南宋诗人刘克庄《九月初十日值宿玉堂七绝》：“窗外茶梅几树斜，薄寒生意已萌芽。主人不作明朝计，愁绝无因见放花。”茶梅入冬，尤喜阳光，若在北方，须移至阳台，少浇水，用阳光晒后的温水浇。如此，开出的花又大又艳。

显然，古人看重的是茶梅的气质，像寒梅那样傲立雪中，落花之时也像梅花那样瓣瓣飘落。南宋刘仕亨《咏茶梅花》：“小院犹寒未暖时，海红花发暮迟迟。半深半浅东风里，好是徐熙带雪枝。”茶梅就像五代画家徐熙笔下带雪的竹枝一样遒劲挺拔，花朵凌寒而开。明代画家陈淳也爱极了茶梅这个名字，他搁下画笔，以诗歌的方式炽热地表白着：“花开春雪中，态较山茶小。老圃谓茶梅，命名亦端好。”陈淳绘山水，也写意花卉，当然痴爱雪中的茶梅，并从博物学的角度阐述，茶梅的植株比茶花的要小得多，也回应了一下北宋才子陶弼。

造物主是如此公正地对待每一个认真生长的生命。茶花植株高，青岛崂山有一株高达七米的茶花，茶花花朵也大，花苞相对少，它用心用力地放大着它的花瓣。茶梅植株矮，一米左右，花也小，但花苞尤多，不开则已，一开满树繁花，绣锦夺目。茶花落地如盛开，整朵地坠落，始终保持青春的模样。茶梅一瓣一瓣地飘落，还是小巧玲珑的姿态，犹如落入池水的星星，闪着迷人的光芒。

水仙

一说起水仙，我的眼前就流淌着一条大河。它从村庄、田野、树林中间散漫地流过，把洒落的阳光月光流成一河的碎玉。水草顺着河水生长，细长而柔顺，宛若女子长发飘飘。河边洗衣的女子揉搓着自己的影子，抖开，挂在树枝上，就是一片灿烂的晚霞。“水中仙子来何处，翠袖黄冠白玉英”，我把所有水边的植物都看作一种植物，叫它们水仙，水边生长的女子也叫水仙。她们借水开花，清秀清奇而又清高，“水沉为骨玉为肌”是她们共有的生理特征。

我对水仙之爱，从故乡的河流开始；我对水仙之爱，愿以之为灵魂的粮食。

我无法确定认识的第一种水生植物是芦苇还是菖蒲，那些高大茂密的植物，让人感叹河流对一方土地的缠绕与缠绵。可是，小学时我从薄薄的教科书里认识了“水仙”，就被这如梦如幻的名字幸福地击倒了。凌波微步，罗袜生尘，大人们讲过的仙女故事似乎就发生在洪沟河岸畔，那里的一棵草一粒沙都是神迹。“水仙”，仅凭两个汉字就把植物之魅和流水之美表现得淋漓尽致，无可替代。

水仙承载了年少的我对自然世界的瑰丽想象。如同初恋的名字，每每听到水仙，我的心跳就会加快，喉咙像被什么东西噎住了，大脑一阵眩晕。这是怎样的一种植物？它以迷幻之美滋养了我儿时的想象，又以卓然之姿支撑着我的现实世界。

走过少年的青葱岁月，我去县城读师范。那个寒冷的冬天，在语文教师的办公室里，我看见了灼灼盛开的水仙。水仙的叶粉绿色，宽线形，扁平，有些宽叶韭的样子，叶片微微后仰，那优美的姿势也有韭菜的韵致。花序轴也是绿的，中空，圆筒形，宛如鸣蝉的一声长吟，自叶丛径直抽出，几与叶等长。水仙的花洁白无瑕，呈扇形，着生于花序轴顶端，那些花朵看上去更像是一群翩跹起舞的蝴蝶，又如空中飘落的雪花，在茎叶之间盘旋缠绕，叫人惊叹天与地的深情呼应。

水仙的花有一个诗意的名字，叫金盏银台。水仙花六瓣，开放时宛若白玉盘托着形似酒杯的黄艳花蕊，金盏银台这名字犹如一件薄露透的衣衫，恰如其分地描绘出水仙的花容月貌。写水仙的姿态，写得最形象的当推宋人林洪的《水仙花》，诗中有这么两句：“翠带拖云舞，金卮照雪斟。”卮是酒杯。如果忽略诗题，感觉上更像是一位衣袂飘飘的旷古佳人殷勤地把盏添香，有一种令人窒息的美。

水仙是石蒜科多年生草本植物，它卵球形的鳞茎有些像大蒜，又有些像洋葱，六朝人称之“雅蒜”，宋朝时呼为“天葱”，它一开始就从葱蒜辛辣的烟火味突围出来，散发着不染尘埃的芬芳，与古文人的精神属性恰好对接。读黄庭坚，读到“凌波仙子生尘袜，水上轻盈步微月”的好句子。清香徐徐，弥久不散。在一片雾气缭绕的水域之上，水仙飘忽若神，曳着月光的裙裾，意态悠然地踩着纤纤细步，袅袅娜娜，娉娉婷婷，破雾而来。这如梦如幻的场景，被漂泊异乡的我一次次复制，粘贴在洪沟河浩渺的水面上，也嫁接在小时候读过的《聊斋志异》花仙树精的故事上，生长出幻想的千枝万叶。

水仙的芳名在宋代文人那里叫得响，之前罕见歌之咏之。诗歌是华丽的汉语，丰富着汉语的诗性和诗意。山谷老人把对一种植物丰富而浪漫的想象凝聚于“凌波仙子”这一意象，“天仙不行地，且借水为名”，把人们的审美引领到花神凌波纤步、轻盈欲飞的曼妙境界，“水仙”一词从此成为人们种种柔情蜜意的集聚点、撒娇的出口。诗歌命名了水仙。诗歌是一种分行的修行。诗人思想的花园里，水仙灼灼盛开。他们以清洁的水仙喂养高蹈的精神。水仙在寒冬腊月绽放，“怀琬琰以成洁，抱雪霜以为坚”，孤高自许特立独行的诗人引为同道，而且多用一勺清水几块石子培育那么一两株水仙。英国诗人华兹华斯写过大片大片的水仙：“它们密集如银河的星星，像群星在闪烁一片晶莹；它们沿着海湾向前伸展，通向远方仿佛无穷无尽；一眼看去就有千朵万朵，万花摇首舞得多么高兴。”现实的冷酷与混乱，逼迫他把目光转向草木葳蕤波光潋滟的湖畔世界，以之为心灵的疗伤之地，水仙的清洁芬芳成为他呼吸着的氧。

洪沟河岸畔，茅草毛谷英车前草灰灰菜蓬子菜随处可见，随风嬉舞，随风飘荡。唯独没有一株水仙。近些年，断流的洪沟河像深深塌陷的眼窝，一副老气横秋的样子。河流的枯竭，田地的荒芜，村庄的破败，深深地灼痛了我的眼睛。我在洪沟河南岸教书的那些年，培育了一株水仙。我养花偏执得有些迂腐，不怎么喜欢抱养艳花丽草，而是从一粒种子、一根枝条开始注视，呵护，守望，让我的心花在细枝

嫩叶上持久地开放，每一天都是盛花期。

水仙多用鳞茎繁殖。卵球形的鳞茎很像洋葱。栽培鳞茎时的雕刻刀法也很像切洋葱。剥去鳞茎褐色的外皮，用切菜刀向下横切少许，再向上横切去两层鳞片时，我已经闻到炒洋葱熟悉的香味了。那些年，我们几个年轻人搭伙做饭，冬天的主打菜是猪肉炖白菜，还有洋葱炒土豆。水仙长在办公室向阳的窗台上，它散发的味道是清净的。花盆是一个旧了的饭盆，底儿浅，口儿圆，盆里的清水能照脸。固定鳞茎的是一些状若鸭蛋的鹅卵石，爬满了细细的花纹。水仙的根须细细的，白白的，犹如一根根闪亮的绣花针，它牵引的丝线有嫩绿，有纯白，也有金黄。要不然，怎会绣出绿的叶白的瓣黄的蕊？从根系开始，水仙的生长清晰，透明，是看得见的，就像婴孩的成长，一天一个惊喜。

冬天里的水仙是有年龄的。小雪时节，多情的雨在空中孕育美丽的花萼，立在浅盆里的鳞茎像刚出生的娃娃，白白嫩嫩的，胖嘟嘟圆鼓鼓的小脑袋透着几分小可爱，它喜欢在阳光里撒娇，摆弄着几块光滑圆润的鹅卵石。天气渐寒，水仙茎叶渐长，长成一位娉娉婷婷的少女。叶盛则无花。白天里吮吸阳光的水仙，夜晚搬到灯光下，并且倒掉盆里的水，次日续入清水，以控制茎叶疯长，短而宽厚的叶片攒聚浅绿为葱郁，积聚芳香为浓郁。

办公桌上的书皆以书脊向我，宛若四目相对，惺惺相惜。在冬夜的寒冷里，阅读朱自清的文字，我看重的是这个名字本身所携带的卓然独立清雅不俗，以及他的文本有着中国文坛少有的静味。他写西南边陲高大的树，以及软软的草，叫人见了心胸一宽，周身也润润的。真有茫茫人海遇知音的感觉。

优秀的作品都有一种静味。曹雪芹的大观园绣带飘摇，花枝招展。每一棵树上、每一枝花上都系了千旄旌幢，那些女孩子也打扮得桃羞杏让，燕妒莺惭。曹雪芹极力渲染大观园的花朝节，写那些女子的盛开与枯萎。夏花的绚丽归结为雪天的静谧，却尘缘，宝玉出走，天地间唯余莽莽，万物寂静。

水仙花开在“三九”，有一种凛冽的芬芳，古人誉为劲节之花，且多与蜡梅白雪并举，摹其味，状其色。“洛浦凌波女，临风倦眼开。瓣疑呈平盏，根是谪瑶台。嫩白应欺雪，清香不让梅。余生为花癖，对此日徘徊。”秋瑾写负冰盛开的水仙，有阔大静谧的境界，有相看两不厌的物我相悦。冰封雪冻时的临风倦眼，人的生命意识在外界的凄冷与精神自由的双重催动下，更能迅速地觉醒，释放生命的光彩。

蜡梅

寒冬腊月，我坐在教学楼四楼靠窗的座位上给天南海北的同学写信，写故乡的明月，写城市的霓虹。信的结尾通常是这样的：“冬天来了，春天还会远吗？”那个冬天，我不可救药地迷上了雪莱。他的夜莺、他的云雀扇动万籁，穿越山林，穿越黑夜，像洁白的雪花从天而降，覆盖了我的世界。

严冬惨切，木叶尽脱，河流封住了口舌，风刀霜剑逼迫下的一切明媚鲜妍都有一种高于尘世之上的凛冽感。雪莱的《西风颂》有强烈的凛冽感。这里写的凛冽感，其实写的也是蜡梅，写校园里那一棵傲霜斗雪的蜡梅。那个冬天，我在雪莱的西风中读一树蜡梅，从光秃秃的枝头读到了一树繁花。记得，一位很文艺的女生悄悄塞给我一张小纸条，想借阅我的《雪莱诗集》，她等在蜡梅树下。蜡梅的花不像别的花朵那样由内向外完全打开，而是花开半含莹润半透，花瓣的边缘矜持地向内弯卷，低垂着，酷似一个个黄灿灿的小酒盅，又像旧时以纤纤玉指或玲珑秀扇遮了面的少女。蜡梅树下的女生低着头，瞅着自己的脚尖，双手相互扣着绞着，怯弱而又娇羞。我若无其事地走向那棵蜡梅树，香气一波一波地涌过来，宛若阳光扑打着我的脸。

第二年春天，蜡梅灰褐色的枝条上吐出一片片鹅黄的嫩叶，对生，椭圆状卵形，很有些桃叶的样子。叶子在细细密密的甘雨和丝丝缕缕的柔风中越长越大，长成一个少年青翠茂密的心事。夏天毕业季，同学少年像一只只试飞的鸟雀从校园飞往不同的实习学校，毕业纪念册上弥漫着伤离别的情绪。独我一个人，徘徊在蜡梅树下，望着满树苍翠，回忆那个远去的冬天，芬芳灿烂的冬天。

或许是对那段校园往事的沉浸，蜡梅的香气在我的记忆里沉淀，发酵，散发着比花朵本身更为陶醉迷人的气息。在偌大的植物群落里，敢于凌寒怒放的植物寥若晨星，没有什么植物比蜡梅更有冬天的印记，更有冬天的凛冽之气与妖娆之美。

蜡梅，因其入冬初放，冬尽而结实，蜡梅又叫冬梅。“知访寒梅过野塘，久留金勒为回肠”，以营造凄冷意象见长的李商隐呼蜡梅为寒梅，不过，唐人对蜡梅和梅花混为一谈。南宋人姚宽将三十种名花尊为大地上的来客，牡丹是贵客，玫瑰为刺客，杨花叫狂客，蜡梅称之寒客，很有各路高手华山论剑的气势。带头大哥姚宽被世人称为“名花三十客”。我想象中的寒客应该是这样的：众花熙熙，招蜂引蝶，如享太牢，唯独寒客，远离姹紫嫣红的欢腾场面，独自向冬，在光秃秃的枝头打开宏阔而壮丽的人生。“缀树蜂悬室，排筝雁着行”，一枝一枝的蜡梅花，多像短笛长箫唢呐组成的一支合奏乐队。明代程羽文的《花历》如是描述腊月的生命秩序：“蜡梅坼，茗花发，水仙负冰，梅香绽，山茶灼雪花六出。”但一个“坼”字，就凸显蜡梅的创世意义，撕开冰天雪地的缝隙，以一枝繁花铺设茗花水仙梅花山茶们生命的通途。

有一段时间，我习惯了叫它腊梅，它是腊月出生的小囡。就像我一生下来，习惯了那条路叫跃进路，那条街叫胜利街。经历了岁月的纷乱错杂，看惯了尘世的矫饰粉饰，我喜欢这样喊它蜡梅，在落叶枯黄的秋天喊，在孤寂凄冷的深夜喊。这样喊着的时候，我觉得，高楼浓重的阴影一闪而过，我迈入一条古朴宁静的老街，羽扇纶巾衣袂飘飘地走着，向行人打听一棵千年蜡梅的下落。

蜡梅和梅花根本不搭界，一个是蜡梅科，一个是蔷薇科，因二者花形相似、花期相近，很久以来，人们把蜡梅作为梅花的一种，叫它黄梅。我查阅了唐代及唐代以前大量的咏梅诗，多是“寒梅最堪恨，长作去年花”、“来日倚窗前，寒梅著花未”之类的借梅消愁，竟然没有一首是描述蜡梅生长特性的。北宋有两位书生不约而同地说黄梅的花很像女工捻制蜜蜡所成，精妙绝伦。观其色，灿若黄金；嗅其味，清香如梅。捻蜡是一种女工。旧时聪颖手巧的女子染绢为芙蓉，捻蜡为菱藕，剪梅若生。两位书生从黄灿灿的枝头看见了繁华丰盛的人间胜景，看见了大自然对一种植物的匠心独运，并以诗歌的方式进行了命名。北宋第一才子苏轼说：“天工点酥作梅花，此有蜡梅禅老家。蜜蜂采花作黄蜡，取蜡为花亦奇物。”山谷老人与之同声相应同气相求：“闻君寺后野梅发，香蜜染成宫样黄。不拟折来遮老眼，欲知春色到池塘。”蜡梅这名字犹如一件最得体最华美的衣裳，恰如其分地描画着一种花朵的姿容和神韵。

蜡梅的蜡，是大自然的灵感，也是独创性。我们发现，忠诚地为植物们提供养分的黄土地，还有给予光照的大太阳，它们灌注植株内

部的黄色突然挣脱了茎秆的束缚，在高处的枝头奔突而出，高举金灿灿的酒盅，酒香酽酽，庆祝着植物的胜利。的确，这铜钱一般大小、暖玉一般温润的黄花，从梅花的白色红色粉色绿色的围困中突围，为新春的到来准备别具一格的节庆。在寒冷荒凉寂寥的冬天，蜡梅开放出一枝一枝的金黄，这对羁旅落拓诗人有着强烈的生命提示。蜡梅鲜嫩的黄温暖的黄，让诗人们怦然心动，暖意荡漾，荷尔蒙瞬间上升，勃发的生命激情涤荡灰暗的尘埃，成就人生的华美段落。“刚条簇簇冻蝇封，劲叶将零傲此冬。磬中种厅英可嚼，檀心香烈蒂初容”（董嗣杲《蜡梅》），烈烈香风，吹醒诗人的内心，润泽生命的颜色趋于鲜活饱满。

读宋人诗歌，读到“满面宫妆淡淡黄，绛纱封蜡贮幽香”的句子，我身体的某一根麻筋忽然被碰触了，顿时浑身酥软，瘫痪成了一堆扶不起来的烂泥。这淡淡黄是我少年的初相遇，而且是蜡梅的上品磬口梅。蜡梅的花瓣内近蒂处有迷人的绛紫色斑点，诗人张孝祥喻之为绛纱，花瓣外又涂抹了一层黄蜡，把我的青葱岁月藏匿于香气馥郁且密不透风的绛纱囊中，教我如何不迷醉？磬口梅也叫檀香梅，如僧磬之口半含，又似少女颔首低眉，风致别具。

写磬口梅写得出彩的当推虞山名士钱谦益：“绿衣约略是前身，幻出宫妆不染尘。磬口半含仍索笑，檀心通体自生春。”读着这些清丽脱俗的诗句，我总觉得蜡梅树旁站着一个女子，她是歌妓才女柳如是。柳如是志操高洁举动慷慨魄力奇伟，宛若古蜡梅生长出的一枝娇黄，成就着一种植物的枝繁叶茂。清兵入关，柳如是以死劝谏钱谦益投水殉国，钱却剃发降清，蜡梅在寒风中抖出一串一串凄凉的笑声。南宋灭亡，写“檀心香烈蒂初容”的诗人董嗣杲毅然决然地遁入深山，独看寒冬的刚条劲叶舞动成神圣的生命图腾。说是大宋，其时已是半壁江山。生逢乱世，如时令入冬，那些粲然怒放的生命最为苍凉壮观。

磬口梅是用砧木嫁接而成，砧木多为狗蝇梅的分株苗，切接靠接腹接芽接劈接均可。狗蝇梅是山地林中的野生梅，种子落地生根，长成灌木，其花红心黄边，香味极淡。狗蝇梅一名最早见于宋人范成大的《梅谱》：“以子种出，不经接，花小香淡，其品最下，俗谓狗蝇梅。”狗的身上寄生着一种黄色的虱蝇，乡里人谓之狗蝇，坚皮利喙，啖咂狗血，夏秋时节嗡嗡乱飞，冬天藏匿狗耳之中。以狗蝇比喻叶尖花小的野生梅，有贬低之意。狗蝇梅也是花，是大自然美丽笑容的一种，它们用自己的美和坚韧精神嫁接人类僵硬的身体，源源不断地提供幸福的慰藉。磬口梅花大香浓，讴歌者众。狗蝇梅除了用作砧木，多被忽略被漠视。翻遍历代花鸟诗选，居然找到了一首，是清朝降臣钱谦益写的。诗中有这么几句：“钗头雪色消金缕，帐底春心启蜡房。莫以黄中笑栀貌，狗蝇今日遍江乡。”狗蝇即狗蝇梅。栀貌，女子饰额黄的容貌，亦指伪饰的面貌。不知怎么，我想到的竟是清朝那种衣长及股袖长至肘很是捉襟见肘的黄马褂。

如是，更叫人怀念与梅同谱妍姿艳质的女诗人柳如是。“枝横碧玉天然瘦，蕾破黄金分外香”（耶律楚材《蜡梅》），她就是一株迎风而立的蜡梅，在大地荒凉萧瑟之时，绽放着生命的芬芳。

迎春

曹雪芹的《红楼梦》里有一个场景特别耐人寻味。黛玉拿着钓竿钓鱼，宝钗俯在窗槛上掐了桂蕊掷向水面，湘云招呼山坡下众人放开肚子吃喝，探春惜春李纨立在垂柳阴中看鸥鹭。迎春呢？“迎春又独在花阴下拿着花针穿茉莉花”。在熙熙攘攘的大观园，在大观园寂静的一隅，贾迎春像一个虔诚的教徒，一针一针地穿着洁白素雅的花苞，安宁而冷静地沉浸在一枚花草首饰的制作之中。

这是一位悲情少女短暂一生中最具生命尊严的美丽瞬间。犹如花

苞，娇嫩柔弱的贾迎春寂静安然地绽放着她生命的芬芳。

洪沟河南岸如同桃羞杏让的大观园，也活跃着许多洁净而芬芳的生命，譬如水蓼，譬如萱草，譬如寒冬独自绽放的木犀科植物迎春。

洪沟河流域的冬天嘎巴嘎巴地冷。风是从北岸枯黄的草滩上吹过来的，裹了蒺藜藏着葛针，吹得人脸刺啦啦地疼。木叶尽脱，风更像一个搂干草的孩子，它在寒冷的冬天攀折枯枝，卷走残叶，撕扯草茎，在灰苍苍土呛呛的季节显示它强烈的在场感。风居无定所，土坑桥洞沟底甚至篱笆墙灌木丛成了枯枝残叶的集聚地，也成了我们这些搂草的孩子的自在欢喜之处。洪沟河南岸高树绿荫如盖，酷夏无暑，严冬背风向阳，尤其是冬天的灌木丛，藏匿着许多的小惊喜。一两枚圆溜溜的山鸡蛋，秋天竹竿儿打落的大红枣，枯枝残叶遮掩着的几瓣鲜嫩的花苞，都是灌木丛里的奇遇。

那年冬天，我们一群衣衫单薄的孩子搂着灌木丛里的干草。先把筢子伸到灌木下面用力一抓，身子朝前一拱，往外扒拉的时候，胳膊肘使劲儿向后拐，手臂往下压向外拉，拉出满筢子的杂草落叶。然后，拿一根木棍儿，轻轻敲打筢子齿，那些杂草呀树叶呀就会扑簌扑簌落下来，落到张着大嘴的腊条筐里。每扒拉一下，身子就一紧一热，好像又穿了一件御寒衣。没了遮掩的灌木丛，不是光秃秃孤零零的，低处的枝条上挑着几朵鹅黄色的小花。细看，每朵小花有六裂小瓣，裂片长圆形，均匀排列，看上去就像许多小风车，在寒风中呼啦啦旋转，有着小孩子的可爱和任性。枝条长达三四尺，下垂，呈纷披状，如柳枝一般纤细，折取黄花点缀的一枝，编成花环，戴在少女的头上，真有豆蔻梢头二月初的娇嫩清纯之美。

娇嫩鹅黄的小花，开在寒冬的风里，像小学课本上穿一身破旧衣裤的小姑娘点燃的那盏小橘灯，镇定勇敢乐观，而又闪烁着天真清澈的光芒。小时候，我们村挂的年画以迎春图为最多，画面多为似火般燃烧的红梅，红得像新娘，像理想。有一幅迎春图是踏实的、笃定的，人间烟火味徐徐弥散。两个村姑蹲着，笑意盈盈地说话。一群大红冠公鸡在快活地啄米，啄一下米，就扬起它们的大红冠，很豪迈的样子。一丛丛迎春花盛开，犹如阳光金灿灿地泼洒。这是我熟悉的乡村生活。迎春花儿开，开在寒冬里，开出热气腾腾的人间美景。

迎春开花了，不几日就是立春，就是春节，按照节令习俗，农村的家庭就该准备年货了。男人忙着赶大山，大山是集市的豪华版，箅子盖垫炊帚笤帚都要买，盘碗筷子家里有，也要买新的，一把筷子进了门，那叫喜气福气盈门，添筷子添碗添人口，捂紧一年的钱袋子彼时松垮垮的。女人摊煎饼蒸饽饽煮猪头做大豆腐，孩子们搂的干草就像前赴后继的士兵，伴随着风箱“呱嗒呱嗒”的声响，灶膛一片火红，大锅热气蒸腾，小麦的香气大豆的香气猪肉的香气花朵一般绽放，长长的花枝探出低低的屋檐，覆盖了长街短巷，整个村庄成了一座香气馥郁的花园。

一双刷锅洗碗烧火做饭的手还要穿针引线，赶制新鞋新袜新裤新褂，就连踩在脚底的鞋垫也用干净的碎布片拼贴缝制而成。平日做针线活剩下的大小不一颜色各异的碎布片，一层一层地用糨子粘连成袼子，晒干后裁剪成尺码不一的几块鞋垫胚，再以洁若白雪的布料包裹，压边儿。针飞线走，针脚细密匀称，纳鞋垫讲究手工，讲究平针回针绣出的美丽图案。图案通常是叶子与花朵的组合。记得，母亲戴着顶针儿坐在蒲团上纳鞋垫，童年的我用木棍在地上勾勾画画。母亲看见了，搁下针锥，右手比划着，教我画一个三角形，又在其下画一个矩形，她说这是我们的家。母亲在家的旁边画了一个椭圆形，让我依样又画了五个，呈辐射状排列，她说这是迎春花。真的，我童年会画的第一种花是迎春，很多人童年的笔端都会盛开这样的花朵，它简单易画，而且有很多很多的迎春就灿烂在童年的河畔墙隅坡地林缘。

母亲决计把我画的迎春绣在鞋垫上。我画了两三朵匀称饱满的迎春，每朵花的花心处抽出细长如丝的花柱，缀上一个咕嘟着小嘴的花

蕾，一根稍稍扭曲的枝条托举着怒放欲放的芬芳。对面邻居的后墙根生长着一丛迎春，远远看去，鼓胀着的花蕾洇染成一团黄色的小雾。过了几天，那团小雾散开，散成一群嫩黄嫩黄的小鸡，啄食着金灿灿的阳光。一个拿铅笔的小男孩，兴冲冲地跑过来，又跑回去，母亲从眼镜镜框的上面笑眯眯地看着他的忙碌。那幅迎春我画得认真，母亲绣得细心，那密密麻麻的针脚宛若迎春细细碎碎的脚步，从星星点点的花蕾走出朵朵明媚的金黄，走出繁花似锦的春光。

迎春和蜡梅一样，花色金黄，先花后叶。迎春的枝四棱状，对节生小枝，一枝吐三叶，椭圆形，慢慢打开色彩和调子的广阔宇宙。这，很像一个人的成长。在他的童年时期，如果拥有快乐单纯的思想，就会不断地生长新鲜的绿叶，成就生命之树的丰盛繁茂。

迎春。那些丛生在墙隅的迎春，在母亲的针脚里缓慢绽放的迎春。在童年的那个冬天，我与迎春的相识注定刻骨铭心。“幸与松筠相近栽，不随桃李一时开”，它像一个清爽的邻家女孩，以它的娇影素馨唤醒了我对美色的热爱和追逐，对卓尔不群的生命姿态的尊崇和效仿。我尤其喜爱迎春的这分寂静安然。哪怕寒风凛冽，哪怕四野荒凉，它也果敢地开放，由一个小小的青涩的花苞儿开放成太阳的形状，光芒照耀它的领域，持久不散。

迎春花儿开，开出了一个盛大的花季。“覆阑纤弱绿条长，带雪冲寒折嫩黄。迎得春来非自足，百花千卉共芬芳。”读宋人韩琦的《中书东厅迎春》，尽可领略波澜壮阔的人生。那么纤弱的绿条，偏又遭遇寒风冰雪的压制，却依然像一条执拗的小溪，歌声清澈，经年不歇，所经之处，百禽鸣啭，千卉斑斓。

生活在农耕时代的人们懂得迎春的千般好，他们把立春的习俗命名为迎春，效仿古人云台谙将、瀛州学士之类，一路鼓乐喧天，迎句芒于东郊。句芒为春神，俟抬运回城，远近之人肩摩鳞集，群聚而观，争掷五谷。杂沓的脚步，滚烫的呼吸，热情的喊叫，暖烘烘地炙烤着植物的枝条，空气的温度陡然升高，迎春花开得格外娇艳，梅花茶花杏花们纷纷吐蕾舒瓣。

迎春是春天的草木神生命神。迎春是大地之上生命盛开的仪式。

摄影作者简介

朱瑞祥 男，1941 年生，山东省安丘市城里村人。爱好摄影，喜欢动脑，获国家专利 29 项。著有《老城忆旧》《安丘植物图鉴》《认识身边的植物动物》《潍坊草木》（上下卷）、《民间技艺》（四卷），参与主编《千秋汶河》《文化潍河》《行走渠河》等书。

责任编辑　沈晓辉

鲁莎莎

装帧设计　杨　雪

ISBN 978-7-5716-1995-4

定价：68.00元